INVENTAIRE

V22698
(144)

I0039301

V

INVENTAIRE
V22698
144

UBLICATION DE LA RÉUNION DES OFFICIERS

ÉTUDES

SUR

L'ART DE CONDUIRE LES TROUPES

PAR

VERDY DU VERNOIS

Colonel à la suite de l'État-major de l'armée Prussienne
chef de division du grand État-major

DEUXIÈME SECTION

AVEC UN PLAN DE BATAILLE

TRADUIT DE L'ALLEMAND

Par A. MASSON, capitaine d'État-major

BRUXELLES

C. MUQUARDT, ÉDITEUR

HENRY MERZBACH, SUCC', LIBRAIRE DE LA COUR

MÊME MAISON A LEIPZIG

PARIS, J. DUMAINE
30, RUE & PASSAGE DAUPHINE
1872

V
2561
+B5a

L'ART

DE

CONDUIRE LES TROUPES

V

561
B 5.a

22698

144

TYPOGRAPHIE DE M. WEISSENBRUCH

IMPRIMEUR DU ROI

RUE DU MUSÉE, 11, A BRUXELLES

ÉTUDES

SUR

L'ART DE CONDUIRE LES TROUPES

PAR

VERDY DU VERNOIS

Colonel à la suite de l'État-major de l'armée Prussienne
chef de division du grand État-major

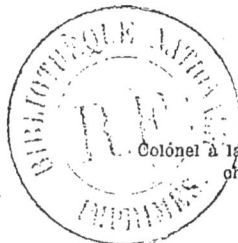

DEUXIÈME SECTION

AVEC UN PLAN DE BATAILLE

TRADUIT DE L'ALLEMAND

Par A. MASSON, capitaine d'État-major

BIBLIOTHÈQUE ROYALE — R.W. — IMPRIMÉS

ACQUISITION 58.07V

BRUXELLES
C. MUQUARDT, ÉDITEUR
HENRY MERZBACH, SUCC', LIBRAIRE DE LA COUR
MÊME MAISON A GAND & A LEIPZIG

PARIS, J. DUMAINE
30, RUE & PASSAGE DAUPHINE
1872

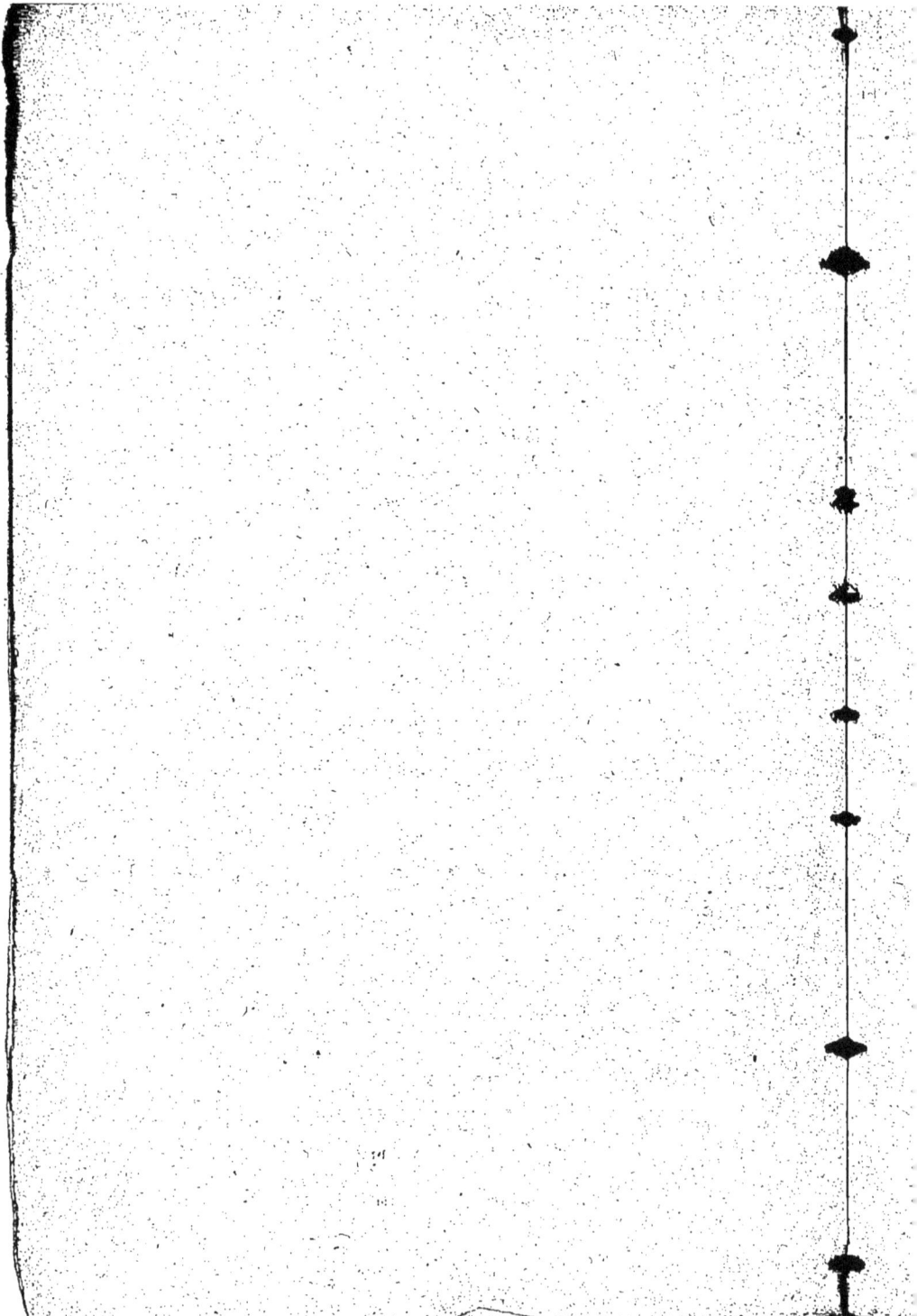

PRÉFACE

BIBLIOTHÈQUE

Les expériences de la campagne de 1870-71 ne peuvent que démontrer à un haut degré la nécessité d'une instruction consommée dans l'art de conduire les troupes.

En présence de la puissance écrasante du feu, la bravoure, même la plus brillante, ne suffit plus; il lui faut, plus que jamais, le secours de l'intelligence.

Il y a là un impérieux avertissement, de nous occuper sans relâche, et avec le plus grand soin de notre instruction.

Moins on peut espérer de résultat d'une impétuosité aveugle seule, plus il faut apporter d'attention à manœuvrer en raison du terrain et des circonstances; plus il faut, par conséquent, exiger d'intelligence de la part de tous les chefs, aux différents degrés de la hiérarchie.

La première partie de ces études n'embrassaient que les dispositions de marche; la 2ᵉ, que nous donnons ici, concerne principalement les manœuvres préparatoires du combat. La 3ᵉ partie nous fera entrer dans le combat proprement dit.

PROGRAMME

LE JUIN (suite)

Expulsion de l'ennemi de la position de Trautenau

8 h. 40 m. — 11 h. 30 m. du mat.

   a. Exposé des événements
     diminuées.

   b. Considérations sur la manière en lign

     Insister pour la reprise de possession de
     la position de Trautenau

     Du point à l'égard des mouvements de
     campagne

2. Décision du général de division

   Rôle du général de division

   a. Transport à la direction de combat

   b. Choix de la place où il faut se tenir

   c. Distribution des ordres

   d.

4. L'officier d'État-major de la division.

Rôle des troupes de la division. — 11 h. 30 min. du matin.

1. La 3ᵉ brigade d'infanterie.
2. La 4ᵉ brigade d'infanterie.
3. Le régiment de cavalerie divisionnaire.
4. L'artillerie divisionnaire.

Remarque. Dans la 1ʳᵉ comme dans la 2ᵉ partie, il faut lire, au lieu de batterie de 4 : batterie légère, et au lieu de batterie de 6 : batterie lourde.

a. *Exposé des événements à la 2ᵉ division d'infanterie.*

Nous avons laissé le lieutenant-général A. à l'extrémité ouest de Parschnitz, au moment où il recevait à 8 h. 40 m. du matin, l'avis de la marche de l'ennemi. Son premier soin fut de remettre les troupes sous les armes. Mais la situation exigeait encore d'autres mesures. Si l'ennemi dépassait Trautenau, le détachement du colonel D. poussé en avant vers la ville, allait bientôt se trouver engagé, et pouvait entraîner au combat la division toute entière. [1]

Il y avait lieu de se demander, en présence de la possibilité d'un engagement, s'il fallait dé-

---

[1] Le détachement du colonel D à l'ouest de Parschnitz se compose de : 1 batterie et 3 compagnies de fusiliers du 1ᵉʳ régiment, 2 pelotons du 4ᵉ escadron du 1ᵉʳ hussards, 1 batterie légère.

ployer la division dans une position défensive, ou
s'il paraissait plus convenable de marcher à l'attaque de l'ennemi.

En prenant le premier parti, on se conformait à
l'ordre du général en chef, qui voulait, avant
tout, avoir tout le corps d'armée réuni à Parschnitz ; en prenant le deuxième parti, on agissait d'après l'instruction arrêtée pour le corps
d'armée, de continuer sa marche par Trautenau dans la direction d'Arnau. Après l'avis
qu'on venait de recevoir de l'approche de forces
ennemies plus considérables, cette marche du
corps d'armée ne pourrait, en tous cas, se faire
sans un combat, qui assurât la possession des
hauteurs de Trautenau. Ce combat devait offrir
d'autant plus de difficultés, qu'on laissait plus
de temps à l'ennemi, pour s'y établir.

Cette raison décida le lieutenant-général A. à
marcher à l'attaque de l'ennemi. Comme on pouvait compter avec certitude sur l'arrivée du reste
du corps dans environ une heure et demie, la
division ne se trouvait en rien réduite à ses propres forces pour supporter un combat.

Il ne restait plus qu'à examiner le meilleur
moyen de diriger l'attaque.

Il paraissait certain, que l'on ne pouvait plus
prévenir l'ennemi à Trautenau. De plus, la nature
du terrain ne permettait pas au gros des forces de
s'avancer vers la ville le long de la chaussée et,
pour le faire, il aurait fallu flanquer une telle
marche le mieux possible, des hauteurs de la rive

droite de l'Aupa. Si, malgré tout, la marche réussissait, la chaîne de hauteurs escarpées, qui se trouve en arrière de la ville, présenterait une position difficile à forcer de front.

Par la même raison, on ne pouvait aventurer le gros de la division dans une marche par les hauteurs, qui devait aussi finir par une attaque de front de cette forte position.

En tous cas, il fallait passer l'Aupa, et gravir les pentes opposées. On ne pouvait passer cette rivière sans combat, qu'à Parschnitz, où le détachement du général-major B. avait déjà pris pied sur la rive droite. En dirigeant ensuite le gros des forces vers la route de Trautenau à Königinhof, on tournait le front de l'ennemi et on menaçait en même temps sa ligne de retraite probable ; on évacuait ainsi le terrain situé au nord de Parschnitz, où le reste du corps qu'on attendait, pourrait se déployer, ce qui n'aurait pu se faire si la 2ᵉ division d'infanterie était restée dans la vallée, et on conservait en outre derrière soi, la ligne de retraite de Schomberg.

Mais si l'on se décidait à passer l'Aupa à Parschnitz, il fallait, en tout état de choses, garder le défilé à l'ouest de ce village jusqu'à l'arrivée de la Iʳᵉ division. On pouvait y destiner le détachement du colonel D. Ce détachement n'avait, à la vérité que 7 compagnies d'infanterie ; mais il n'était pas probable que l'ennemi s'avancerait dans la plaine le long de la chaussée de Liebau, dès que le gros de la 2ᵉ division marcherait vers

Trautenau par les hauteurs de la rive droite. Le défilé était, du reste, fort par lui-même; le déploiement de forces considérables de l'ennemi, nécessaires pour l'attaquer, pouvait à peine avoir lieu avant neuf heures et demie, et peu après dix heures, la 1ʳᵉ division d'infanterie pourrait déjà soutenir directement le colonel D.

Ces considérations décidèrent le lieutenant-général A. à prendre l'offensive avec le gros de ses forces par la rive droite de l'Aupa; il donna, en conséquence, au colonel D., qui se trouvait près de lui, les instructions suivantes :

« L'ennemi marche de Königinhof sur Trautenau. Je passerai l'Aupa à Parschnitz avec la division, et je me dirigerai contre son flanc droit. En attendant, vous conserverez votre position jusqu'à l'arrivée de la 1ʳᵉ division, qui aura lieu probablement à dix heures. Si toutefois l'ennemi évacuait Trautenau auparavant, vous le suivrez par la chaussée. La brigade de cavalerie vous appuiera, et vous vous placerez sous son commandement. »

En même temps, l'officier d'état-major de la division fut envoyé d'avance sur l'autre rive de l'Aupa pour reconnaître l'ennemi et le terrain.

Le général de division retourna alors vers le gros de la division, qui était déjà sous les armes, et y donna à 8 h. 50 m., en partie directement, en partie par ses aides-de-camp, les ordres suivants :

Au commandant de l'artilerie :

« Allez sur les hauteurs avec les deux batteries de 6, en passant à l'est de l'église de Parschnitz ; joignez-vous à la 4ᵉ brigade, et placez-vous sous ses ordres. »

à la 4ᵉ brigade d'infanterie ;

« Portez immédiatement la brigade sur les hauteurs par les chemins qui sortent de Parschnitz, à l'ouest de l'église. Les deux batteries de 6 se mettront sous vos ordres; vous les placerez en tête. »

à la 1ʳᵉ brigade de cavalerie :

« Marchez immédiatement avec la brigade pour appuyer le détachement du colonel D., qui se trouve à l'ouest de Parschnitz, près de la chaussée de Trautenau. Vous prendrez en même temps le commandement du détachement du colonel D., qui a déjà reçu des instructions. »

pour les trains, qui se trouvaient près de la division :

« Les trains, à l'exception de l'ambulance, retourneront en arrière des ponts, près du défilé de Schömberg, et parqueront dans la prairie qui se trouve au nord de la route. »

au médecin de division :

> « Nous allons probablement avoir à
> combattre sur les hauteurs situées de
> l'autre côté de l'Aupa. Faites suivre les
> troupes par le détachement de santé et
> l'ambulance ; requérez dans le village les
> voitures nécessaires au transport des bles-
> sés. Je vous adjoindrai à cet effet un déta-
> chement de cavalerie. »

Un officier d'ordonnance fut chargé d'aller
chercher au gros de la division un demi peloton
du 3ᵉ escadron, et de le mettre à la disposition du
médecin de division.

Après ces dispositions, le général de division,
précédant les troupes qui allaient se mettre aussitôt en mouvement, se rendit rapidement au
détachement du général-major B. Déjà, en passant par la lisière sud de Parschnitz, il remarqua
que les troupes de ce dernier étaient aussi en
mouvement, et entraient dans le bois situé en
avant. Aussitôt après, une ordonnance lui remit
l'avis écrit suivant :

3ᵉ brigade   Hauteur au sud de Parschnitz.
d'infanterie.   27 juin—8 h. 40 du matin.

> « La brigade occupe dans le voisinage de
> l'ennemi la lisière sud du bois situé en
> avant de sa position actuelle. »

B.
Général-major.

Lorsque le lieutenant-général A. atteignit la lisière nord du bois, les dernières fractions de la 3ᵉ brigade y était déjà entrées ; en même temps on entendit le premier coup de canon dans la direction de Trautenau, et l'on vit dans la plaine la 1ʳᵉ batterie de 4 répondre au feu de l'ennemi, ainsi que la batterie à cheval marcher en toute hâte à son secours (9 h. 10 m.).

Après avoir traversé le bois, le général de division trouva la 2ᵉ batterie de 4, dans une position couverte près du sommet 504 ; près d'elle se déployait le 2ᵉ régiment d'infanterie ; plus en avant, se trouvait un bataillon (le 2ᵉ du 1ᵉʳ régiment) près du sommet (531) situé au sud-ouest, d'où revenait à l'instant même le général-major B. ; on apercevait aussi le régiment de hussards dans sa position avancée, jusque vers les bouquets de bois situés au nord d'Alt-Rognitz. Des patrouilles de ce régiment se montraient sur la hauteur qui descend vers Kriblitz ; d'autres escarmouchaient avec la cavalerie ennemie entre le village et Alt-Rognitz. En outre, on n'apercevait encore qu'une seule batterie ennemie en action sur la pente nord-ouest du Hapfenberg ; mais derrière le ravin de Kriblitz, s'élevaient de gros nuages de poussière, qui faisaient supposer des troupes en marche.

A son arrivée, le général-major B. lui fit le rapport suivant :

« D'après les renseignements des hussards, la tête de la colonne ennemie a atteint Hohenbruck à 8 h. 30 m.; la queue, ainsi que je m'en suis moi-même convaincu, vient seulement de passer le village. J'estime donc sa force à environ une brigade. Les patrouilles qui ont été dirigées au sud, par Alt-Rognitz, ont dû revenir en présence de hulans ennemis, dont les avis portent la force de un à quatre escadrons, mais jusque-là elles ont encore vu suivre seulement quelques voitures de bagages sur la route. La cavalerie ennemie se trouve, en ce moment derrière les bouquets de bois entre Kriblitz et Alt-Rognitz; le régiment de hussards, envoyé dans sa direction, a cependant déjà reçu quelques coups de fusil d'infanterie tirés des buissons. J'avais l'intention d'occuper ici le bord du bois avec la brigade pour couvrir la division contre une marche de l'ennemi sur cette rive de l'Aupa. »

Ces renseignements confirmèrent le général de division dans l'idée que les forces ennemies qui s'avançaient, étaient pour le moment encore inférieures aux siennes. Il n'en était donc que plus urgent, d'attaquer immédiatement; cependant on doutait encore, si ces troupes n'étaient pas l'avant-garde d'un corps qui suivait.

Quoiqu'il en soit, il n'y avait pas à modifier la résolution que le général de division avait prise, en raison de la situation générale. Il déclara donc au général-major B. qu'il n'était pas nécessaire d'occuper la lisière du bois, puisque la 4ᵉ brigade s'approchait déjà, et qu'il avait l'intention de marcher à l'attaque de l'ennemi.

Cette dernière brigade n'était pas arrivée en ce moment. Le général de division porta donc avant tout son attention sur le terrain, pour pouvoir y diriger convenablement les mouvements, qu'il aurait à faire.

On a vu déjà que la chaîne de hauteurs (sommets 531 et 554), qui s'étend vers Kriblitz, partage le terrain situé au sud de l'Aupa en deux parties. La prudence exigeait de porter le gros des forces en avant dans la partie nord, le long de la rive droite de l'Aupa, afin de ne pas s'étendre trop loin et de ne pas s'exposer à perdre ses communications avec les troupes de la vallée.

Si, avec le temps, l'adversaire se montrait, en effet, supérieur en forces, et s'avançait vers Kriblitz, le long des bords de la vallée, on risquait, non seulement, d'être séparé de la 1ʳᵉ division d'infanterie, mais encore d'être écarté de sa propre ligne de retraite. D'un autre côté, si la division dirigeait une attaque par ce terrain, elle trouvait devant elle la position qui s'élevait en arrière de Kriblitz et qui paraissait très forte.

Si, au contraire, on faisait l'attaque principale par le terrain situé au sud de la chaîne de hauteurs, on tournait non seulement cette position, mais encore on forçait probablement l'ennemi, à évacuer rapidement les hauteurs au sud de Trautenau; et s'il ne le faisait pas à temps, on avait

2

l'espoir de l'entraîner lors de sa retraite, dans un combat très désavantageux.

Toutefois à côté de ces avantages, il y avait l'inconvénient de donner à la division un très grand développement ; car on ne pouvait, même dans ce cas, négliger le terrain situé au nord de la chaîne de hauteurs, et si l'on rencontrait une sérieuse résistance entre Kriblitz et Alt-Rognitz, il était probable que les dernières fractions de la division seraient aussi engagées de bonne heure.

Néanmoins, le général de division résolut de faire l'attaque principale dans cette direction, attendu que si elle réussissait, c'était le moyen le plus rapide de dégager le défilé de Trautenau. C'était là le point essentiel.

Dans ce moment, on avait encore la conviction que l'on était supérieur à l'ennemi, mais on ne pouvait prévoir s'il en serait encore de même une heure après. Jusqu'à présent, on n'avait pas annoncé d'autres mouvements de troupes sur la route de Königinhof, et plus on se hâterait de profiter de l'isolement de l'ennemi, plus on avait de chances de succès.

Le danger d'un engagement prématuré de nos propres réserves, se trouvait, en outre, diminué par l'arrivée de la 1re division d'infanterie, qu'on attendait ; enfin, on pouvait encore compter sur la division de la garde, qui pouvait entrer aussi en ligne, en cas de besoin.

Le Général, qui était descendu de cheval, donna

des ordres en conséquence, au général B., commandant de la 3ᵉ brigade (9 h. 23 m.) :

> « Attaquez l'ennemi par Kriblitz avec vos quatre bataillons et la batterie : je dirigerai la 4ᵉ brigade au sud de la chaîne de hauteurs qui conduisent au village, contre la ligne de retraite de l'ennemi. En vous avançant, tenez votre aile droite le long du bord de la vallée et ne l'abandonnez à aucun prix.
>
> Je disposerai du régiment de hussards, pour éclairer le flanc gauche. »

Le général-major B. prit aussitôt ses dispositions. La 2ᵉ batterie de 4 se porta jusque sur l'éperon côté (366) et de là ouvrit le feu sur l'artillerie ennemie du Hopfenberg (9 h. 30 m.); trois bataillons de la brigade se déployèrent peu à peu sur deux lignes dans le terrain au nord du groupe de hauteurs : le 4ᵉ, relié aux 3 autres, suivait le sommet de la pente, près de la ligne des crêtes.

Dans l'intervalle, le général de division fut encore confirmé dans ses projets par les renseignements que son officier d'état-major, lui rapportait à 9 h. 32 m. de la hauteur en avant de Kriblitz :

> « L'ennemi se dispose à occuper les hauteurs au sud de Trautenau. Ses forces ne doivent pas être considérables, puisque jusqu'ici, il n'a mis qu'une batterie en ac-

tion, et que je n'ai pu apercevoir dans son
voisinage qu'environ deux bataillons. Le
ravin, dans lequel se trouve Kriblitz, est
toutefois, très encaissé ; l'extrémité du
ravin, du côté sud, est couverte d'un bois
épais, de sorte qu'il est très difficile d'en
déboucher. Mais, par contre, le terrain au
sud de cette chaîne de hauteurs, qui s'é-
tend devant nous, ne présente pas beaucoup d'obstacles à l'attaque.

De plus, on n'y voyait qu'un petit détachement d'infanterie ennemie, ainsi qu'un
ou deux escadrons de hulans. »

Cet officier fut ensuite chargé de rédiger pour
le général en chef, un rapport sur les projets
d'attaque du général de division, qui le signa :

2e div. d'inf.   Hauteur de Parschnitz.
               27 juin 66 — 9 h. 35 matin.

Une colonne ennemie, de la force d'environ une brigade, venant de Königinhof
vient d'atteindre Trautenau. Le front de
de la position est difficile à forcer; j'ai
donc passé l'Aupa à Parschnitz avec le
gros de la division; je m'avance pour attaquer le flanc droit de l'ennemi, tout en
tenant fortement la chaussée de Liebau.

A.
Général de division.

Sur ces entrefaites, la tête de l'artillerie avait
atteint la lisière du bois (près du sommet 504);

le commandant de l'artillerie, ainsi que celui de la 4ᵉ brigade, le général-major B., arrivèrent près du général de division (9 h. 35 m.), qui leur donna les instructions suivantes :

« La 3ᵉ brigade attaquera au nord de la crête située en avant.

Restez provisoirement en marche à sa gauche (s'adressant au général-major B.), avec votre brigade et les batteries de 6, en vous dirigeant par le terrain libre qui s'étend entre Kriblitz et Alt-Rognitz. Le régiment de hussards, que vous voyez là-bas, éclairera votre flanc gauche. »

Comme ce mouvement devait se faire sous ses yeux, le général de division garda encore provisoirement dans la main la 4ᵉ brigade, comme réserve. Si la tête de cette brigade venait aussi à se heurter avec l'ennemi, le général avait toute liberté, pour engager toute la brigade, suivant les circonstances, ou pour en garder une partie comme dernière réserve.

On envoya au régiment de hussards l'ordre de se joindre à l'aile gauche de la 4ᵉ brigade, dans sa marche en avant, et d'éclairer le flanc gauche de la division, tout en se tenant prêt à s'engager dans le combat avec la brigade.

Aussitôt que la tête de sa brigade, marchant sur deux colonnes, atteignit le bord sud du bois (près du sommet 504), le général-major B. jugea nécessaire de déployer les deux premiers bataillons; les bataillons suivants restèrent en colonne, mais ils durent toutefois s'arrêter quelque temps, pour réparer un peu le désordre produit par les difficultés de la marche, et serrer, ce qui produisit naturellement une perte de distance.

Sur ces entrefaites, se confirmait, dès le premier moment de son exécution, la prévision que le général de division s'était faite de l'effet produit par une marche en avant sur le flanc droit de l'ennemi ; l'artillerie ennemie du Hapfenberg répondait bien à la vérité au feu de la batterie de 4, par quelques coups de sa demi batterie de droite. Mais quelques minutes après, les pièces amenaient déjà leurs avant-trains et quittaient la position; aussitôt après, des nuages de poussière, qui avançaient rapidement dans le chemin creux qui mène du Hapfenberg à Alt-Rognitz, indiquaient le départ précipité de détachements ennemis. On apercevait aussi de petites colonnes en mouvement vers le sud, derrière les sommets qui s'élèvent en arrière du chemin creux.

Dans ces circonstances, le général de division aurait volontiers pressé la marche en avant de la 4ᵉ brigade, s'il n'avait compris, qu'elle ne pouvait se faire sans désordre ; il se dispensa donc d'exciter les troupes, dont l'ardeur à atteindre l'ennemi avait plutôt besoin d'être retenue que stimulée.

En outre, toutes les troupes se trouvaient déjà en mouvement, et le bataillon de la 3ᵉ brigade qui s'avançait le long de la crête s'engageait aussitôt avec l'infanterie ennemie près de la pente qui descend vers la gorge de Kriblitz.

Le général de division remonta à cheval et se rendit au sommet 531, d'où il pouvait mieux embrasser le mouvement des deux brigades.

A 9 h. 50 m., la situation était la suivante[1] : Les bataillons de tête de la 4e brigade, suivis par les batteries de 6, traversaient la chaîne de hauteurs de chaque côté du point d'observation du général de division (531).

Le bataillon de la 3e brigade, dont il vient d'être parlé, était encore engagé, sur la pente ouest.

Plus loin, à droite, le gros de cette brigade s'approchait de la partie nord de Kriblitz; son bataillon de tête se disposait à traverser le village, sans avoir encore eu à tirer.

On ne découvrait plus rien de l'ennemi sur le Hapfenberg; mais la lisière du petit bois situé au sud de Kriblitz se montrait maintenant fortement occupée par son infanterie.

Le cours du combat finit par convaincre le général de division A., que l'ennemi ne le soutenait que pour protéger sa retraite. Il ne doutait plus de pouvoir atteindre son but principal, qui était de dégager le défilé de Trautenau. Mais il entrevoyait la possibilité de profiter plus largement de la situation, en faisant encore supporter à l'ennemi des pertes sensibles, s'il parvenait à le saisir dans sa marche de flanc.

[1] Voyez le croquis.

Ce but ne pouvait toutefois être atteint qu'avec l'aile gauche; alors il fallait se dessaisir de la réserve qu'il avait gardée jusque là, et, en tous cas, il fallait chercher le moyen d'en former une nouvelle.

Le lieutenant-général A. donna, en conséquence, l'ordre suivant au général-major B., qui se trouvait encore près de lui :

« Portez en avant toute la brigade (4ᵉ) et les deux batteries dans la direction suivie jusqu'ici, et cherchez à faire le plus de mal possible à l'ennemi, qui paraît se retirer. La 3ᵉ brigade occupera dans l'intervalle Trautenau. (9 h. 50 m.) »

Un aide-de-camp fut envoyé à la 3ᵉ brigade avec l'ordre suivant :

« Faites occuper par la 3ᵃ brigade Trautenau, ainsi que les hauteurs situées au sud de la ville, sur lesquelles il faudra rallier le détachement du colonel D. »

Cet officier reçut ensuite la mission suivante :

« Dès que l'ennemi aura évacué Trautenau, les pionniers y rechercheront et y rétabliront les passages de l'Aupa; allez ensuite à la brigade de cavalerie et donnez-lui l'ordre de suivre l'ennemi par Trautenau ou à l'ouest de la ville dans la direction de Königinhof, tout en éclairant la route d'Arnau par un escadron (9 h. 55 m.). »

De son point d'observation, le général de division pouvait encore voir les mouvements suivants des deux brigades. Les batteries de 6 se mirent en batterie en avant des compagnies avancées de la 4ᵉ brigade (à 600 pas S.-O. du sommet 531) des deux côtés de la clairière, et ouvrirent un feu violent sur la lisière du bois de Kriblitz, malgré le feu de l'infanterie ennemie, qui les atteignait.

L'ennemi ne tarda pas à évacuer cette lisière, à l'approche de l'aile droite de la 4ᵉ brigade; mais il alla occuper la hauteur isolée à la sortie nord d'Alt-Rognitz (425), ainsi que le terrain situé près du chemin creux qui conduit d'Alt-Rognitz à Hohenbruck. Le bataillon de la 3ᵉ brigade, qui se trouvait jusqu'alors engagé, disparut dans la partie sud du ravin de Kriblitz, tandis que le gros de cette brigade était sur le point de gravir la pente est du Hopfenberg.

Bientôt le canon cessa complètement de se faire entendre; les fractions avancées de la 4ᵉ brigade avaient déjà déployé leurs tirailleurs; le gros de la brigade marchait également déployé. Dès qu'on eût atteint le sommet de l'ondulation de terrain (500) situé entre Alt-Rognitz et le bois de Kriblitz, le feu de tirailleurs commença, sans toutefois arrêter le mouvement; en même temps on voyait l'infanterie, qui gravissait la pente du bois de Kriblitz, pendant que des fractions de la 3ᵉ brigade avaient fait halte sur le Hopfenberg.

A 10 h. 25 m., l'aile gauche de la 4ᵉ brigade était en possession de la petite hauteur située à la sortie nord d'Alt-Rognitz (425) ; les bataillons de cette brigade, en decendant derrière l'ondulation (500), commencèrent à disparaître, et la fumée de la poudre ne permit plus de rien voir au delà. Le général de division se porta donc vers la sortie nord d'Alt-Rognitz, où se dirigeaient déjà les deux batteries de 6. Il rencontra en chemin son officier d'état-major, qui avait assisté à la marche en avant de la 4ᵉ brigade, et qui lui fit le rapport suivant :

« L'ennemi est en retraite vers le sud. Le terrain en avant de nous a été, à ce qu'il paraît, occupé par deux bataillons, pour couvrir sa marche. On n'a eu avec eux qu'un court combat de tirailleurs, attendu qu'ils se sont retirés aussitôt à notre approche dans la direction de Neu-Rognitz, où il ont été ralliés par trois ou quatre escadrons de dragons et de hulans. Mais on pouvait reconnaître distinctement la retraite d'une grosse colonne par la chaussée, également dans la direction de Neu-Rognitz ; elle a cependant une telle avance, qu'il est difficile de lui faire quelque dommage. J'ai vu quelques morts, qui appartiennent au 12ᵉ régiment ennemi. Il est donc probable que nous avons en face de nous des troupes du Xᵉ corps. »

En ce moment, un officier d'ordonnance de la 3ᵉ brigade apporta l'avis suivant :

« L'ennemi a évacué Trautenau et est

en retraite sur Hohenbruck. La brigade occupe la ville et se forme sur les hauteurs sud, pour suivre ensuite l'ennemi. Les ponts de l'Aupa ne sont pas endommagés. »

L'officier fut renvoyé avec l'ordre que la brigade devait attendre des ordres ultérieurs, sur les hauteurs au sud de Trautenau.

Le feu de l'artillerie ennemie avait, sur ces entrefaites, recommencé, et les batteries de 6, qui avaient atteint leur infanterie, se mettaient en batterie sur l'ondulation située en avant, pour répondre au feu de l'ennemi ; le général se rendit alors sur la petite hauteur située au nord de Rognitz, à la sortie du village.

Il y arriva à 10 h. 40 m.; l'horizon vers l'ouest était très borné par une élévation parallèle à la chaussée, qui cachait presqu'entièrement le village et la grande route d'Hohenbruck. Vers le sud, cette élévation descendait en forme de terrasse vers Alt-Rognitz et Rudersdorf, de sorte que la vue s'étendait assez au loin.

D'un sommet boisé (527), qui dominait cette partie du terrain, s'écoulaient quelques ruisseaux, qui se dirigeaient vers l'église de Saint-Paul et Saint-Jean, pour continuer ensuite leur cours vers le sud, en formant deux plis de terrain. Derrière le plus éloigné s'élevait une chaîne de hauteurs considérables, dont on voyait au loin le point culminant s'élever au delà de Neu-Rognitz. A mi-pente on apercevait Neu-Rognitz, en partie cachée par des bois situés en avant. Des deux côtés du village et à la même hauteur, une suite de bouquets de bois formaient comme l'enceinte de cette chaîne de hauteurs.

L'ennemi paraissait vouloir prendre de nouveau position à Neu-Rognitz, Il était facile de reconnaître qu'il allait occuper les bois situés en avant du village, par lesquels venaient de se retirer ses derniers détachements d'infanterie et de cavalerie. On remarquait aussi, qu'il disposait de trois batteries, qui faisaient feu en avant du village, contre les bouquets de bois.

Les bataillons de tête de la 4e brigade descendirent la pente située de notre côté; le gros de la brigade qui se formait dans la prairie au nord du point d'observation du général de division, se disposait à les suivre, Les escadrons de hussards se trouvaient à gauche, les batteries de 6, en arrière à droite sur l'ondulation (500). Ces batteries poursuivirent de leur feu les derniers détachements ennemis, qui se trouvaient encore en arrière. Vers le nord-ouest, quelques sommets boisés, très-rapprochés, bornaient assez la vue, pour qu'il ne soit plus possible de rien voir de la 3e brigade.

La première disposition du général de division A., fut de donner immédiatement au général-major B., les ordres suivants :

« Ramenez en arrière les bataillons avancés, et prenez avec votre brigade une position couverte des deux côtés de cette

hauteur (425). Assurez en même temps
votre flanc gauche, en occupant les fermes
les plus proches. (10 h. 45 m.)

Il était évident, aux yeux du général de division, que la marche projetée du corps sur Arnau
ne pouvait s'exécuter, tant que l'ennemi tiendrait
Neu-Rognitz; il était tout aussi évident, d'un
autre côté, que plus on laisserait de temps à l'ennemi, moins on aurait de chances de le déloger.
Mais d'un autre côté, il était clair, avant tout,
qu'il n'avait que la 4e brigade à sa disposition
pour attaquer et non toute la division, et que, par
conséquent, la brigade pourrait être anéantie dans
un combat violent, avant que la 3e brigade pût
lui porter secours.

Il avait bien une de ses brigades sous ses yeux,
mais il ne pouvait voir, ce que devenait en ce
moment l'autre brigade. Il n'y avait pas encore
eu de combat sérieux et, cependant, le cours des
choses avait déjà séparé la division en trois parties bien éloignées l'une de l'autre; le premier
soin du général devait être de réunir ces trois
tronçons.

Mais alors on pouvait se demander, s'il fallait
poursuivre l'attaque, ou attendre l'arrivée du
reste du corps d'armée, et les ordres du général
en chef.

Pour le moment, on pouvait se contenter de la
possession assurée du défilé de Trautenau. Le
général en chef pouvait arriver d'un moment à
l'autre; dans les circonstances actuelles, voudrait-

il continuer la marche par la route de Königinhof, ou se maintenir avec le corps réuni sur la
rive droite de l'Aupa? Si la 2ᵉ division d'infanterie
attaque l'ennemi, il ne restera plus autre chose à
faire, pour le général en chef, que de porter le
reste du corps sur cette route pour la soutenir.
Dans ces circonstances, il ne parut pas raison-
nable, de devancer les intentions du général en
chef, et le lieutenant-général A. se décida à rassembler sa division, de manière à pouvoir prévenir avec succès une attaque de l'ennemi, et profiter avec avantage du terrain pour marcher en
avant, s'il le fallait.

Il envoya donc, à 10 h. 55 m., l'ordre suivant
au général-major B. :

> « La 3ᵉ brigade se portera jusque vers
> le chemin creux d'Alt-Rognitz à Hohen-
> bruck, tout en gardant la chaussée; elle
> occupera les sommets situés au sud, mais
> sans aller cependant au delà. »

à la 1ʳᵉ brigade de cavalerie :

> « L'ennemi est en retraite sur Neu-Ro-
> gnitz. La brigade s'avancera à l'ouest de
> la chaussée, pour observer le village. »

au régiment de hussards :

> « Le régiment observera l'ennemi à l'est
> de la chaussée, et éclairera en même temps
> le terrain vers Eypel. »

Les ordres donnés à la 4ᵉ brigade étaient en

voie d'exécution. Les deux bataillons avancés se retirèrent, déployés par compagnie, pour ne pas donner trop de prise au feu violent que l'artillerie ennemie dirigeait sur eux, et occupèrent le côteau boisé (425), ainsi que quelques bâtiments dépendants d'Alt-Rognitz.

Les deux batterie de 6 cherchèrent à attirer sur elles le feu de l'artillerie ennemie, pendant la marche en arrière des bataillons; le reste de la brigade se forma par régiment des deux côtés du monticule. (11 h. 10 m.)

Quand l'infanterie eût fini de se ranger, les batteries de 6 ne soutinrent plus le combat que par un feu très ralenti.

Sur ces entrefaites, l'officier d'état-major de la division s'était informé près des bataillons voisins, si l'on n'avait pas fait quelques prisonniers. On lui amena quelques soldats d'infanterie ennemis, qui s'étaient attardés dans la retraite des bois de Kriblitz. Il communiqua au général de division le résultat de leur interrogatoire :

« D'après le dire des prisonniers, nous avons devant nous la 1re brigade du Xe corps ennemi, commandé par le colonel N. Les prisonniers appartiennent, à la vérité, au même régiment que les morts qu'on a trouvés précédemment; cependant ils assurent que l'autre régiment de la brigade était aussi au combat avec un régiment de hulans, et de l'artillerie. Ils ne sauraient dire combien de batteries. Leur brigade a bivouaqué depuis avant-hier dans un village près de la chaussée, et s'est portée aujourd'hui matin vers Trautenau, où le combat a commencé, aussitôt après son arrivée. La marche jusqu'à Trautenau n'a duré qu'une heure et demie environ. Il est donc à présumer que la brigade vient aujourd'hui de Prausnitz-Kaile.

Ils n'ont pu dire, où se trouvent les autres brigades du corps. Le 25, elles marchaient encore avec une grande partie du corps par Josephstadt, d'où on aurait aussitôt détaché la brigade. Depuis, ils n'ont plus vu le général en chef. »

Ces renseignements ne purent que confirmer les prévisions que l'on avait formées jusque là ; la dernière indication seule pouvait de plus faire supposer que le gros du corps avait dû être le matin, assez éloigné de sa première brigade. S'il n'en avait pas été ainsi, et si la 1ʳᵉ brigade, s'était trouvée comme avant-garde du corps, à la distance ordinaire du gros, il est probable que le général en chef se serait informé personnellement, le 26, près de sa brigade la plus avancée, de ce qui se passait. Il était surprenant, d'un autre côté, de voir l'ennemi, auquel notre supériorité numérique ne pouvait échapper, s'exposer de nouveau au combat à notre portée.

Ce n'étaient là toutefois que des suppositions ; il pouvait bien se faire, que le général en chef, se trouvât avec la brigade, qui avait été engagée, et que les prisonniers ne l'eussent pas vu.

Diverses opinions furent émises, mais sans pouvoir faire acquérir la certitude qu'il y eût dans le voisinage, de plus grandes forces. En tous cas, il parut nécessaire, d'informer le général en chef de ce qui s'était passé jusque là.

On le fit encore par écrit :

2° avis de la deuxième division d'infanterie.

Hauteur au nord d'Alt-Rognitz.
26 juin 66 — 11 h. 15 matin.

« A la suite de la marche de la division par la rive droite de l'Aupa, l'ennemi a abandonné la position de Trautenau après un léger combat, et a pris de nouveau position à Neu-Rognitz.

Jusqu'ici il a montré la 1re brigade du Xe corps d'armée, 3 batteries et quelques escadrons, qui devaient se trouver depuis le 25, à Prausnitz-Kaile ; pour le moment, on n'a encore rien appris, relativement à d'autres troupes.

Je réunis la division entre Alt-Rognitz et Hohenbruck, en tenant fortement la chaussée de Königinhof, et j'attends de nouveaux ordres. »

A.
Lieutenant-général.

Le lieutenant-général A. envoya l'officier d'état-major à la 3e brigade, pour reconnaître le terrain

3

près de la chaussée, sous le rapport de l'attaque et de la défense, et observer ce qu'on pouvait, de ce point, découvrir de l'ennemi.

Le lieutenant-général A. se tourna ensuite vers le médecin de division, qui était arrivé, sur ces entrefaites, pour lui donner les renseignements suivants :

> « Jusqu'à présent, il n'y a eu de pertes sensibles que dans le 2ᵉ bataillon du 1ᵉʳ régiment, à l'attaque du bois de Kriblitz ; il n'est besoin en cet endroit que d'un lieu de pansement ; on y a dirigé aussi provisoirement les quelques blessés de la 4ᵉ brigade.
>
> On a jusqu'à présent requis 21 voitures à Parschnitz ; elles sont en marche avec l'ambulance pour venir ici. »

Le général répondit :

> Je ne puis prévoir, si le combat prendra de plus grandes dimensions. Faites, par conséquent parquer l'ambulance et les voitures à l'abri, derrière le bois de Kriblitz. »

Survint alors un sous-officier de hussards, porteur de l'avis suivant au général-major B. :

> « Le général en chef vient d'arriver à la 3ᵉ brigade. »

Le général de division descendit aussitôt la pente ouest du monticule, où il se trouvait, et suivit au galop avec son état-major le chemin creux qui mène à Hohenbruck, pour se rendre près du général en chef.

.Il était 11 h. 30 m.; on voyait en ce moment les détachements avancés de la 3e brigade, qui occupaient les bois situés au sud du chemin creux. La division était en situation, de pouvoir donner suite à toute disposition du général en chef.

b. CONSIDÉRATIONS SUR LA MARCHE DE LA DIVISION JUSQU'A L'OCCUPATION DE LA POSITION DE TRAUTENAU.

1. — *Du temps employé aux mouvements.*

Le général de division reçut à 8 h. 40 m. la nouvelle de la marche de l'ennemi. Quoiqu'il donne ses ordres immédiatement, ce n'est qu'à 9 h. 50 m., par conséquent, plus d'une heure après, que la division se trouve déployée à hauteur de l'avantgarde. Il est vrai de dire que la nature accidentée du terrain rendait les mouvements difficiles. En tous cas, ces chiffres démontrent la nécessité de s'éclairer à de grandes distances, même quand la division est réunie, si par hasard de la place même où elle se trouve, on n'a pas un large horizon.

L'ennemi n'a préparé aucun obstacle à la marche en avant. A 11 h. 30 m., la Division se trouve concentrée sur la ligne Hohenbruck-Alt-Rognitz et en possession du terrain nécessaire au débouché du corps d'armée.

De plus, après le déploiement de la division, le détachement du colonel D. et le gros de la 3ᵉ brigade avaient à parcourir environ 4,000 pas, la 4ᵉ brigade, environ 3,000. Les quatre bataillons du général-major B. et les bataillons de tête de la 4ᵉ brigade ont seuls fait une partie de la marche en ordre de combat. Mais le cours du combat, et les ordres supérieurs n'avaient pu leur éviter des détours, ni des marches en arrière.

Il faut, dans la réalité, mettre de côté les appréciations du champ de manœuvre sur les mouvements de masses de troupes déployées. Là des brigades parcourent à peu près 4,000 pas en moins de 40 minutes. Mais il n'en est plus de même, dès que la nature du terrain ne ressemble plus à celle du champ de manœuvre. Le temps nécessaire croît progressivement avec les difficultés du terrain et avec la masse déployée. Ici la marche en avant des fractions isolées exigeait déjà la moitié plus, et même deux fois plus de temps, que sur un sol entièrement uni. De plus la plupart des bataillons étaient encore en colonne de marche; la situation, en outre, ne permettait pas aux diverses fractions de la ligne avancée de rester à la même hauteur. Mais s'il fallait faire avancer à la fois toute la division, les brigades l'une à côté de l'autre, il faudrait compter sur un temps beaucoup plus grand pour le chemin parcouru.

Qu'on se représente un instant la marche en

avant de masses déployées dans un terrain, comme celui qui nous occupe. Ici un bataillon en colonne double rencontre une hauteur escarpée, ou un bouquet de bois, et reste derrière les autres bataillons ; là un ravin très encaissé force une partie de la brigade à faire un détour ; une pente douce, et un sol ferme permettent de marcher librement ; près de là, dans le fond où l'eau s'est écoulée, on ne peut avancer que péniblement. Il faut alors que le général y supplée fortement. Quelquefois il faut faire prendre au tout des directions qui s'écartent de la direction générale ; il faut ralentir la marche des bataillons qui sont trop avancés, souvent même les arrêter. À cela viennent s'ajouter les mouvements nécessaires pour soustraire les troupes aux regards de l'ennemi, surtout à ceux de son artillerie. Si le général n'y fait pas attention, si entraîné par une louable ardeur d'atteindre l'ennemi, il ne songe qu'à faire arriver rapidement les corps les plus favorablement placés à cet effet, il arrive que les bataillons des divers régiments se heurtent et s'entremêlent en certains points ; en d'autres endroits, il se produit des vides. Au lieu d'une brigade en ordre, et prête à toute éventualité, on n'a plus qu'une masse décousue, difficile à diriger. Il est donc nécessaire à un général de ne pas perdre de vue ces circonstances ; car dans la marche de brigades et de divisions déployées, il y a de grandes pertes de temps inévitables.

La chose est surtout de la plus grande importance, quand il s'agit d'opérer une retraite avec des masses déployées.

2. — *Décisions du général de division.*

Lorsque la division se forma au rendez-vous de Parschnitz et que le général reçut avis, que le pont de Trautenau était barricadé et occupé, il n'avait pas jugé opportun de chercher à s'emparer immédiatement de la ville. Néanmoins, quand il apprit l'approche d'une colonne ennemie de toutes armes par la route de Königinhof à Trautenau, il mit ses troupes sous les armes, et prit ses dispositions pour se mettre en possession d'un point aussi important.

Ces deux résolutions paraissent se contredire. Si, en effet, le général attribuait une aussi grande importance à l'occupation de Trautenau, il était plus simple de pousser immédiatement jusqu'à la ville, pour s'emparer de ce débouché, que de perdre un temps précieux, qui permettrait à l'ennemi d'amener des renforts dans la position.

Ainsi que nous l'avons vu, le général hésita un instant, s'il devait transgresser les ordres du corps d'armée, ou s'en tenir strictement à la lettre de ces ordres, qui prescrivaient de réunir le corps d'armée à la sortie des défilés des montagnes sur la rive gauche de l'Aupa. Il se décida à ce dernier parti, et fit prendre à la division sa position de rendez-vous.

Il y a lieu de se demander si le général de division, a bien fait, en agissant ainsi. Sa division n'avait plus, pour le moment, de mission indépendante; celle qui lui incombait, était déjà terminée : la division était arrivée au rendez-vous de Parschnitz.

Reportons-nous encore aux prescriptions du corps d'armée : « Il s'agit, avant tout, de concentrer aussitôt que possible, le corps d'armée à Parschnitz, sur la rive gauche de l'Aupa, en assurant ses deux flancs contre la surprise de forces ennemies. [1] »

La division avait fait tout ce qu'elle pouvait faire, pour arriver à ce résultat; elle était à sa place. Il n'y avait aucun reproche à faire au général de division, s'il attendait à Parschnitz l'arrivée de l'autre division et de nouveaux ordres du général en chef.

Cependant il y avait encore dans les prescriptions du corps une indication très importante sur les intentions ultérieures du général en chef : « Le corps d'armée se réunira à Parschnitz et s'y reposera deux heures; seulement, la 1re brigade d'infanterie (1re division), destinée à l'avant-garde, s'avancera immédiatement jusqu'à Trautenau et occupera la ville. On continuera ensuite la marche en une seule colonne dans la direction d'Arnau. »

La 1re brigade d'infanterie, qui devait occuper Trautenau, n'était pas arrivée ; toute la colonne, qui formait l'aile droite, ainsi qu'on en avait été

[1] Voir la 1re partie, p. 38.

informé, avait subi quelque retard dans sa marche par suite de la destruction d'un pont; la mission assignée à une partie de cette colonne ne pouvait donc être remplie.

Mais l'occupation de Trautenau, et la continuation de la marche de Trautenau sur Arnau, était cependant dans les intentions du général en chef, et le général de division A. le savait.

Si donc, après son arrivée à Parschnitz, il avait occupé Trautenau, à la place de la 1re brigade, qui n'était pas arrivée, il aurait certainement agi contre la lettre de l'ordre donné, mais suivant les intentions du général en chef.

C'est ainsi que souvent, en campagne, on est amené à prendre différentes mesures, sans qu'on puisse dire exactement si l'une est bonne, l'autre mauvaise. Il arrive, au contraire, plus souvent, comme ici, par exemple, qu'il n'y a rien à objecter à une résolution prise, mais cependant qu'une autre résolution aurait peut-être été plus avantageuse.

Si le général en chef avait prescrit que la colonne, qui déboucherait la première à Parschnitz, occuperait aussi Trautenau, il n'y aurait eu certainement aucun doute à avoir.

Il n'en était cependant pas ainsi; le corps, qui devait être chargé de cette mission, avait été désigné exactement: toutes les autres dispositions du général en chef étaient basées là-dessus, et la décision à prendre par le général A. devait être fondée sur cette considération : que rien n'était changé dans la situation générale, depuis la transmission de l'ordre.

On savait depuis quelques jours déjà que Trautenau était occupé; on pouvait bien présumer que la ville n'avait pas été renforcée depuis, puisque nos têtes de colonne n'avaient pas eu un seul coup de canon à supporter.

Dans ces circonstances, on ne peut donc que difficilement faire un reproche au général A. de n'avoir pas occupé Trautenau.

Mais la situation était devenue toute autre, quand on eût constaté la marche de forces ennemies considérables de toutes armes, sur Trautenau, et qu'on dût craindre de voir cette forte position occupée par ces forces, et non pas seulement par un poste d'observation.

En tous cas, il était évident, que même quand l'ennemi ne dépasserait pas Trautenau, la division ne pouvait plus longtemps rester au repos, à Parschnitz, ayant sa tête à 1,300 pas seulement de l'ennemi.

Il y avait alors deux partis à peu près également bons à prendre :

On pouvait prendre une position défensive à cheval sur l'Aupa, des deux côtés du défilé situé à l'ouest de Parschnitz, et couvrir ainsi le débouché du reste du corps d'armée.

Ou bien l'on pouvait attaquer l'ennemi, et chercher à occuper Trautenau.

Le premier parti était conforme à la volonté du général en chef, et n'exposait à aucun blâme; le deuxième parti, tout en exigeant une certaine initiative, était encore en complète harmonie avec ce que l'on connaissait des intentions du général en chef. Il ne faut pas oublier que le corps devait marcher par Trautenau sur Arnau ; il fallait donc réussir à occuper la ville,

On aurait d'autant plus de difficultés à s'en emparer, qu'on laissait plus de temps à l'ennemi, pour s'y établir. D'ailleurs les circonstances, dans lesquelles le général en chef avait donné ses ordres généraux, étaient maintenant changées.

Au lieu de ne trouver à Trautenau qu'un détachement d'observation, on avait maintenant la certitude de rencontrer un corps considérable et une sérieuse résistance. *Dans de telles circonstances, un chef doit examiner avec attention, s'il est ou non dans l'intérêt des intentions, que son supérieur immédiat lui a fait connaître, de s'écarter de l'ordre donné.* — Dans le cas actuel, on pourrait se croire autorisé à s'en écarter.

Les réflexions que fit le général, pour savoir sur quelle rive de l'Aupa il ferait son attaque, ont déjà trouvé place en leur lieu. On pouvait faire passer l'Aupa, et s'avancer par la rive droite, en couvrant la grande route seulement avec 7 compagnies, 9 escadrons, et 12 pièces de canons, puisqu'on allait voir apparaître la 1re division d'infanterie. S'il n'en avait pas été ainsi, et que le général A. eût été réduit à ses propres forces pour conduire son attaque, il n'aurait certainement jamais dû éloigner autant la masse de ses troupes de la grande route, que les circonstances le lui permirent ici.

La disposition des troupes dans leur marche pour l'attaque sur la rive droite de l'Aupa, n'était évidemment pas normale; car les deux brigades de la division, pour le moment encore isolées, se portèrent successivement en avant l'une à côté de l'autre, de sorte que la division comprenait bien 3,000 pas dans sa plus grande étendue. [1]

Une telle étendue est trop grande pour une attaque, et il n'y a que des circonstances particulières, qui peuvent faire que le danger qui pourrait en résulter, n'ait un effet réel.

On pourrait citer dans nos combats de 1866, et dans la campagne de 1870-1871, des exemples de divisions dont l'étendue était encore plus considérable que dans le cas actuel. On ne peut cependant en rien prétendre que cela fût toujours le résultat de fautes commises par les généraux.

En 1866, la supériorité du fusil à aiguille ne permettait qu'exceptionnellement d'agir ainsi. On y était encore autorisé dans la 2e période de la campagne de 1870-1871; après les défaites de l'armée impériale, les nouvelles levées de la République ne se composaient que de corps de troupes sans consistances, formées sous la pression

---

[1] Dans la disposition des troupes pour le combat, le premier déploiement côte à côte des deux brigades d'une division ne se fera qu'exceptionnellement, si elle est isolée; mais si la division n'est pas réduite à ses propres forces, il se présentera plus fréquemment.

du moment, dont la valeur réelle les mettait bien au dessous de l'infanterie allemande.

Ces deux époques sont extraordinaires; elles ne formaient pas la règle dans la première période de la campagne de 1870, et elles ne pourront pas être regardées comme telles dans les guerres futures. On doit s'en tenir à ce qui se présentera quand on aura affaire à un ennemi de même valeur, et aussi bien armé.

C'est la conséquence de l'effet écrasant du fusil actuel.

Dans l'offensive, il faut s'attendre, quand on attaque de front, à subir des pertes énormes en peu de temps.

Quelques instants décident de la valeur dans le combat de compagnies et de bataillons, et il faut avoir une deuxième et une troisième ligne comme réserve, pour combler rapidement les vides, qui se produisent.

Un feu rapide, bien dirigé, est capable de rompre les colonnes. Si les troupes sont solides, et ne subissent pas de trop grosses pertes, les portions de troupes qui sont en partie rompues, se rallieront aux soutiens qui s'avancent; mais si elle n'ont pas l'énergie nécessaire, elles disparaissent complètement de la ligne du combat.

Une attaque de front sur des lignes d'infanterie en bonne position a aujourd'hui peu de chances de réussir, si elle n'est pas suffisamment préparée et soutenue par l'artillerie; et même une très grande supériorité numérique ne sera pas une garantie du succès.

Il faudra donc, chaque fois que cela sera possible, menacer les flancs de l'ennemi, en même temps qu'on l'attaquera de front, sans perdre de vue toutefois, qu'on ne pourra empêcher le désordre, produit par la puissance du feu de l'ennemi que par une formation profonde.

La défensive, au contraire, trouve une force extraordinaire dans l'effet des armes actuelles. Aussi plus on peut déployer de troupes, plus on utilise cette force.

Les lignes qui se forment ainsi n'ont besoin que de réserves relativement faibles. Néanmoins, il ne faut pas perdre de vue le danger auquel les flancs sont exposés. Plus la ligne est longue, plus le danger est grand ; si on n'est pas appuyé par quelque accident de terrain, ou par des troupes voisines, la défensive doit se former des réserves derrière ses ailes.

En 1866, quand les longues lignes de notre infanterie étaient obligées de reculer, on parait à ce danger la plupart du temps par une attaque de flanc, ou au moins par une menace sur un flanc, quand on n'avait plus de réserves disponibles. C'est ainsi que l'avant-garde du 5° corps à Nachod, fut forcée de reculer, lorsque son aile droite fut attaquée par un seul bataillon dans le bois de Wenzelsberg, pendant que les attaques de front de masses ennemies supérieures en nombre venaient se briser sous le feu de notre infanterie. Ce mouvement de retraite entraîna totalement le centre de la longue ligne, et ce n'est que lorsque

le centre et l'aile droite, renforcés par l'arrivée
de quelques compagnies, furent réunis sur un
espace étroit et couverts sur leurs flancs, qu'ils
parvinrent au bord du plateau à repousser l'attaque de l'ennemi, malgré sa supériorité.

Les 8 bataillons de la 2ᵉ division d'infanterie,
qui combattaient avec des fractions isolées de
l'avant-garde, à Trautenau, entre Alt-Rognitz et
Hohenbruck, ne furent pas aussi heureux. Les
bataillons étaient disséminés sur une longue ligne,
d'environ 3,500 pas; une simple menace sur leur
flanc gauche, qui n'avait aucune réserve en arrière, les poussa à la retraite, et les divers bataillons suivirent le mouvement successivement de
gauche à droite.

Malgré la grande énergie avec laquelle on
repoussa les attaques de front qui suivirent, la
retraite continue de ces masses ne put les amener
à se réunir; elles se disséminèrent encore plus
dans diverses directions, et les ailes découvertes ne
trouvèrent aucun soutien.

Il ne faut pas espérer que l'offensive de quelques compagnies pourra toujours parer l'attaque
de flanc d'une brigade ennemie d'une manière
aussi brillante que cela arriva, par exemple, à l'aile
gauche de la division Tümpling à Gitschin, et
dans plusieurs autres combats.

On doit tout aussi peu s'attendre à retrouver
la tactique d'attaque favorite des Autrichiens
de 1866, et à voir des bataillons isolés retrouver
l'occasion de forcer à la retraite des forces supérieures.

Nous serons donc appelés, plus que jamais, à manœuvrer dans le combat. Mais, dans beaucoup de cas, cela n'est pas praticable. Il y a des circonstances qui nécessitent l'attaque de front d'une position, ainsi que cela peut avoir lieu dans de grandes actions de corps contre corps. On sera alors forcé de faire suivre la première ligne par des réserves relativement fortes, pour réparer les grandes pertes qui se produiront ; un front peu étendu et une grande profondeur s'imposent donc par la force des choses.

La défensive, au contraire, permet de se contenter de réserves relativement faibles et de pouvoir prendre, par suite, un front étendu.

Il est bien entendu, que dans la défensive, il n'est question que du moment, où l'ennemi dessine déjà la direction de son attaque. Car avec de longues lignes déployées, on ne peut ni manœuvrer, ni surtout se mouvoir sur de grands espaces. On entrera plus loin dans les considérations relatives à la recherche des formations les plus propres à concilier les exigences de l'offensive et de la défensive.

Dans le cas actuel, indiquons seulement que *dans l'offensive d'une division précédée de son artillerie, qui prépare le combat, une étendue d'environ 2,000 pas peut être regardée comme un maximum*, afin de donner à l'attaque une force convenable par des réserves suffisantes.

Au delà, on aura de la peine à diriger les masses, et de plus on n'aura pas une concentration

assez grande, pour frapper aux endroits dé-
-cisifs.

*Un développement plus considérable ne semble
déjà plus propre, pour diriger un combat, dont
on ne peut embrasser l'étendue, et ne permet plus
que de manœuvrer.*

Mais, pour pouvoir manœuvrer, la première
condition, c'est qu'un gros corps de troupes se
décompose en fractions organiques constituées,
liées déjà entre elles. Les différents chefs de ces
fractions ont alors une mission spéciale à remplir
pour leur compte, et le commandant en chef veille
à ce que le concours de toutes ces fractions au
but général soit constamment maintenu.

Après ces considérations, reportons-nous à la
situation actuelle. Le mode de la marche contre
la position que l'ennemi occupe à Trautenau,
prend déjà le caractère d'une manœuvre. Les
circonstances où l'on se trouve, indiquent seules
s'il faut, en général, employer ou non cette manière d'opérer. En général, il ne faut pas perdre
de vue, que fréquemment les exercices de paix
nous amènent à tort à manœuvrer.

Dans ces exercices, en effet, l'influence morale
ne peut se faire sentir, tandis que, dans la réalité,
c'est le sort des armes qui décide toujours en première ligne.

On pouvait juger ici que l'ennemi, qui arrivait, venait de la direction de Königinhof; il
semblait donc vraisemblable, que la chaussée de
Königinhof serait aussi sa ligne de retraite.

Après s'être résolu à ne pas laisser à l'ennemi le temps de s'établir dans Trautenau, et à l'attaquer, le général de division avait à choisir entre deux partis : ou porter le gros vers le mouvement de terrain, coupé par la gorge de Kriblitz, ou se couvrir de ce côté, et chercher avec le reste des troupes à agir contre la ligne de retraite de l'ennemi, par un grand détour.

Dans le premier cas, il fallait attaquer directement la position qui se trouve en arrière du ravin de Kriblitz, position difficile à forcer. Mais la nature du terrain limitait cette attaque, entre l'Aupa et la hauteur (534) située à l'est de Kriblitz, sur une étendue d'environ 1,800 pas; la force de la division suffisait donc entièrement, pour entreprendre et mener cette attaque avec énergie. Si néanmoins on échouait, on n'avait rien à craindre pour la retraite.

Dans le deuxième cas, il fallait, au contraire, s'étendre énormément. On n'avait pas assez de forces pour attaquer le front vigoureusement, et faire en même temps d'autres mouvements avec le surplus des forces. En s'écartant, pour opérer avec l'aile gauche contre la ligne de retraite de l'ennemi, on courait donc le danger d'être accablé par un mouvement offensif de l'ennemi sur notre centre ou d'être coupé de la 2ᵉ division, si l'ennemi se portait contre notre aile droite. Mais aussi, si cette opération réussissait, il est incontestable qu'elle nous conduirait de la manière la plus rapide au but du combat, c'est à

4

dire, à l'occupation du débouché de Trautenau.

Malgré ce danger, le général de division se décida à cette manœuvre, que l'on ne peut justifier que par la conviction qu'il avait de sa grande supériorité numérique sur l'ennemi. S'il n'avait pas eu cette conviction, la prudence commandait d'attaquer directement la position de Kriblitz.

Il est vrai qu'on pouvait remédier au danger, auquel exposait cette manœuvre, en employant au centre les 6 bataillons de la 4ᵉ brigade au lieu des 4 bataillons de la 3ᵉ. Mais il ne faut pas *perdre de vue que les directions d'attaque de corps importants, dépendent la plupart du temps de leurs directions de marches.*

Fallait-il attendre l'arrivée de la 4ᵉ brigade, pour l'employer au centre? On aurait perdu un temps précieux. Ou bien fallait-il porter immédiatement, comme aile gauche avancée, la 3ᵉ brigade, qui était là, au sud de la chaîne de hauteurs? On forçait alors l'ennemi d'évacuer plus tôt Trautenau, et on avait moins de chances de lui nuire dans sa retraite.

Mais en portant d'abord au centre la 3ᵉ brigade contre le ravin de Kriblitz, et en prenant ainsi une direction peu dangereuse pour l'ennemi, on pouvait espérer le maintenir dans sa position par le combat, ce qui n'aurait rendu que plus décisif le mouvement de l'aile gauche. On pouvait de plus faire suivre la 4ᵉ brigade en arrière, en échelon sur l'aile gauche, et on avait ainsi l'avantage d'avoir près de soi les six bataillons de cette brigade disponibles comme réserve. Si l'ennemi faisait avancer de nouvelles colonnes, ou si on le trouvait devant soi plus fort, qu'on ne l'avait d'abord supposé, on ne pouvait poursuivre le mouvement plus loin, et il était plus facile de se concentrer au combat engagé au centre, que si l'on eût formé d'abord avec l'aile gauche un échelon en avant, qui serait ainsi tombé en contact avec l'ennemi.

Lorsque le mouvement de flanc eût forcé l'ennemi à se retirer, le général n'hésita pas un instant à faire entrer aussitôt en action la 4ᵉ brigade, qu'il avait considérée comme réserve. Il fallait au moins essayer de lui nuire encore. Dans ces circonstances, le général risquait de ne plus avoir dans la main toute la division, s'il n'avait aussitôt prescrit à la 3ᵉ brigade de se réunir après l'occupation des hauteurs sud de Trautenau, et de s'y maintenir. Il se procura ainsi, du moins peu de temps après, une nouvelle réserve.

L'ennemi sut s'échapper à temps au mouvement de flanc qui le menaçait; aussi la tentative de la 4ᵉ brigade n'eut pour résultat que d'amener l'ennemi à s'arrêter en avant de Neu-Rognitz. Le lieutenant-général A., croyant avoir rempli les intentions du général en chef, autant qu'elles lui étaient connues, et ne sachant pas, si en engageant un grand combat, il ne détournerait pas le corps d'armée de la direction qui lui était donnée, craignant, par conséquent, de ne pas répondre aux intentions ultérieures du général en chef, attendu à tout moment, ne poursuivit pas plus loin son attaque.

Il préféra donc avant tout, mettre les troupes en situation d'être prêtes à être employées à tout événement. Les diverses fractions de la division furent de nouveau rapprochées les unes des autres, de manière à ne plus occuper qu'un front de 2,000 pas.

C'est là un des points de vue les plus essentiels pour un général. L'expérience nous montre qu'après avoir atteint quelque but important par le combat, ou se laisse souvent aller à une impétuosité aveugle, ou à une certaine apathie, qui fait que chacun reste à la place où il se trouve, et songe plus à ses impressions du moment qu'il ne pense à ce qu'il faut faire.

Le général a plus souvent l'occasion de modérer l'ardeur inconsidérée des troupes, ainsi que cela lui arriva avec les deux bataillons de fusiliers de la 4e brigade; mais il doit se garder de jamais se laisser gagner par cette apathie. *Il doit donner une impulsion rapide aux formations; il ne peut entrevoir le rôle qui va encore lui être assigné; en tous cas, ses troupes doivent être prêtes à toute éventualité.*

ROLE DU COMMANDANT DE LA DIVISION

1° *En ce qui concerne la direction du combat.*

Comme l'a montré l'exposé des faits, le commandant de la division n'avait eu à prendre pen-

dant trois heures qu'un nombre relativement·
restreint de dispositions, mais ces dispositions
étaient d'une grande importance.

A cet égard, il s'était toujours gardé, avec un
soin particulier, d'entrer dans un détail quelconque; ses ordres furent toujours adressés : aux
brigades, au chef du détachement de la route de
Liébau, au commandant de la cavalerie divisionnaire et à celui de la division d'artillerie; il
n'avait en vue que ce qui concernait chacun de
ces officiers, et l'ensemble des troupes placées sous
leurs ordres.

L'exécution fut laissée en propre aux chefs
respectifs des groupes en question et dans deux
cas seulement le divisionnaire intervint pour arrêter deux mouvements, l'un projeté, l'autre commencé. Ce fut lorsque le général-major B. voulait
occuper la lisière du bois, pour couvrir la division
tandis que le lieutenant-général A. s'était déjà,
entre temps, décidé à prendre l'offensive et plus
tard, lorsque la 4e brigade s'avançant au delà
d'Alt-Rognitz, le général de division arrivé près
d'elle, s'aperçut que, d'après la situation générale, il n'était plus nécessaire de continuer le
combat.

De cette manière seulement il est possible d'embrasser l'ensemble du but à atteindre, et de laisser aux chef des différentes fractions une indépendance utile à leur influence et à leur commandement. *Mais une telle conduite est bien
difficile à la guerre.*

Que l'on songe, en effet, combien l'attention est involontairement absorbée par les choses qui affectent de plus près vos perceptions; les faits qui se passent sous vos yeux sont ceux qui vous parlent le plus haut. De plus, le commandant en chef se trouve entraîné vers la partie de la troupe la plus engagée, la plus exposée, pour la faire agir d'après ses propres vues.

Cette tentation est puissante; peu savent y résister.

Et malgré tout, il n'y faut pas céder. On a remarqué que le commandant de la division n'a eu que relativement peu de dispositions à prescrire dans les deux heures précédentes; et cependant, ses ordres ne se rapportaient pas seulement à ce qu'il voyait devant lui, mais ils se reliaient intimement à la situation d'ensemble du corps d'armée.

Pour bien embrasser l'ensemble de la situation il importe de ne se mêler inutilement à aucun détail. Car, plus le commandement est élevé, plus graves et décisives peuvent être les conséquences générales de ses résolutions. Il faut un temps considérable pour faire mouvoir et déployer de grandes masses de troupes. Une fois engagées dans une direction, il est difficile de les en faire changer; mais au contact de l'ennemi, c'est presque chose impossible.

Les décisions à prendre pendant le combat et les dispositions à prescrire sont d'une telle importance, qu'elles doivent nécessairement absorber au plus haut degré toutes les facultés du commandant. Ces décisions ne peuvent émaner que de lui : il n'a pas d'autre mission. S'il se laisse entraîner à se mêler des détails, son esprit s'égare, et l'ensemble des mouvements et des ordres à donner lui échappe.

Au reste, cette immixtion dans les ordres de détail donne rarement des résultats utiles, parce qu'elle contrecarre les dispositions prescrites par le chef inférieur. Or, tout chef a le droit de résoudre, d'après son idée le problème qu'on lui impose, à la condition qu'il ne commette pas de fautes visibles et compromettantes. Toute question est susceptible de différentes sortes de solution : chaque chef choisit celle qui convient le mieux à son caractère, à son degré d'instruction. En lui confiant un poste, on devait le savoir digne d'en remplir les obligations. S'il trompe cette confiance, il faut l'éloigner. *Le devoir d'un supérieur consiste à donner à son inférieur les ordres nécessaires d'une manière claire et à en surveiller l'exécution. Lorsqu'il reconnaît clairement que les dispositions prescrites peuvent compromettre le but à atteindre, alors seulement il peut intervenir.*

Ainsi, par exemple, le devoir d'un commandant de régiment est de diriger son régiment, mais non de commander un bataillon ou une compagnie.

S'il se met à la tête de la compagnie qui atteint la première l'ennemi, quelque brillantes que soient sa conduite et celle de sa troupe, on peut être certain que bientôt il ne saura plus ce que sont devenus les autres bataillons du régiment, et il en perdra totalement la direction. Quant au commandant de la division, il lui importe bien moins de savoir ce que fait une compagnie que d'être assuré de pouvoir toujours disposer dans l'intérêt de ses desseins du régiment tout entier.

Il peut en être autrement au moment de la crise, quand il s'agit de donner un élan extraordinaire aux hommes.

Les dernières dispositions générales prises, il est bon parfois que le chef se jette au plus fort du péril, à la tête des fractions les plus avancées, pour donner à toutes ses troupes un exemple entraînant et exciter leur enthousiasme. Ces actes sont fréquents parmi les chefs de peloton et de compagnie; ils sont plus rares pour les chefs plus élevés en grade. Des situations bien exceptionnelles doivent y contraindre le commandant en chef. Les devoirs ne sont pas, dans la réalité, les mêmes pour tous les chefs, à tous les degrés de la hiérarchie.

Voici ceux qui s'imposent aux commandants de grands corps de troupes : *Le commandant en chef règlera les décisions sur l'intérêt général; il donnera ses ordres en conséquence aux chefs qui lui sont soumis, il en surveillera l'exécution et n'interviendra personnellement que là où il verra ses intentions dépassées ou incomplètement remplies.*

Ces principes paraissent simples, mais comme

nous l'avons dit plus haut, dans la réalité ils sont d'une exécution extrêmement difficile. Les situations à la guerre présentent de telles variétés, qu'il n'est pas possible de poser des règles fixes; on ne peut donner que des indications générales. Si l'on veut, pendant la paix, retirer des manœuvres une instruction réelle, il faut exiger de la part du chef, une observation stricte de ces principes.

Il est vrai que, sur le terrain de manœuvre, on n'en saisit pas autant l'utilité. Il est dans la nature des hommes et des choses, que là le chef s'occupe plusdes mouvements de la troupe que de sa propre instruction. La crainte de la critique exerce sur beaucoup de chefs plus d'influence que l'ennemi simulé, et pour redresser quelque erreur de détail d'exécution, on voit souvent le commandant supérieur se jeter au beau milieu du feu des tirailleurs.

La direction générale d'une grande manœuvre manque ainsi son but.

Il serait bien préférable que les commandants de régiments et de brigade prissent, en temps de paix, l'habitude de se tenir derrière leur troupe pour la diriger, ainsi qu'ils seront obligés de le faire en réalité devant l'ennemi.

2° *Choix de la place du commandant de la division.*

Le choix du point d'où il dirigera ses troupes est de la plus grande importance pour un chef. Ce choix varie suivant le commandement : le chef d'une division est guidé par des considérations tout autres que celles qui s'imposent au brigadier conduisant ses régiments à l'attaque.

Quand le point est bien choisi, le commandant en chef est moins tenté de se jeter d'une façon préjudiciable dans le détail. A cet effet, il ne doit pas se tenir trop près des premières lignes de combat : d'un autre côté, il est nécessaire qu'il cherche à bien les voir et à discerner, autant que possible, celles de l'ennemi. Mais, en même temps, il ne perdra pas de vue ses réserves.

D'après ce principe, le général lieutenant A., après avoir pris ses premières dispositions près de Parschnitz, s'est porté sur les points avancés de ses lignes, pour se faire *de visu*, une idée exacte de la configuration du terrain et des mouvements *visibles* de l'ennemi. En même temps, il s'approche de celles de ses troupes qui observent déjà l'ennemi depuis quelque temps. Il peut ainsi entrer en relation directe avec leurs chefs et s'éclairer auprès d'eux sur les points restés douteux dans son esprit à la suite de rapports.

Il faut poser en fait que les rapports, quelque bons qu'ils soient, ne permettent jamais au chef d'être renseigné aussi exactement que quand il juge par ses propres yeux. D'ailleurs le mouvement et le déploiement de grandes masses de troupes lui en laisseront grandement le temps.

Cette reconnaissance, dans le cas qui nous occupe, n'exigea pas de grands déplacements de la part du commandant de la division. Le sommet

central de la hauteur boisée qui était le plus
accessible et près duquel devait se trouver le
général major B., lui offrait un point très favorable pour juger par lui-même. Les informations
qu'il y reçoit, déterminent ses premiers ordres de
mouvement. Il fait porter ses troupes en avant
dans le terrain séparé en deux par la chaîne des
hauteurs de Kriblitz. Le général suit la marche
des troupes de ces hauteurs, d'où il peut le mieux
voir les deux parties séparées de sa division. Arrivé au sommet 531, il s'arrête; ce point lui offre
un excellent observatoire pour embrasser l'ensemble des opérations qui vont suivre.

De là, il plonge dans la vallée de l'Aupa sans
perdre de vue la 3ᵉ, ni la 4ᵉ brigade. *Il peut ainsi
surveiller l'exécution des mouvements qu'il a prescrit, tenir sa réserve sous la main, observer suffisamment l'ennemi, aussi loin que le comporte la
configuration du terrain et lui-même enfin est
facile à trouver pour ses troupes.*

En ce qui concerne l'adversaire, l'attention
doit porter dans le cas présent sur les points suivants : L'ennemi prend-il l'offensive en grandes
masses? Cherche-t-il à maintenir sa position, ou
refuse-t-il le combat? Les détails de son mouvement ne sont certes pas non plus sans quelque
valeur, mais généralement ils ne peuvent être
aperçus que des troupes engagées en première
ligne dans le combat. Le point choisi pour observer ne permet pas dans le cas actuel de résoudre
cette autre question : De nouvelles colonnes de

l'ennemi s'approchent-elles? Ce renseignement, on ne l'obtient de bonne heure à la guerre que dans des cas exceptionnels. Mais, vu la ligne de retraite de l'ennemi, il était peut-être possible de le savoir, en le recommandant à l'attention de la division de cavalerie.

Le combat s'engageant à de grandes distances, il est doublement difficile de trouver un point de station assez rapproché pour observer sans danger l'ennemi, et pour embrasser en même temps du regard ses propres réserves. Ce sont cependant deux conditions que le général ne doit pas négliger. La première le pousse en avant, la seconde le retient en arrière.

Et pourtant, *il est impossible de diriger convenablement un combat, si l'on ne discerne pas clairement les phases principales de l'action ennemie.* Cette nécessité s'impose plus au commandant d'une division qu'à celui d'une armée. Car, plus les fractions de troupes à mouvoir sont fortes, plus on a le temps de réfléchir. Les rapports, quand il en arrive, ne viennent jamais que de quelques points du champs de bataille, où l'attaque d'un petit nombre de bataillons ennemis est considérée comme l'offensive générale de l'adversaire. Ces rapports sur ce qui se passe aux premières lignes engagées dans le combat, ne parviennent qu'au début de la lutte; plus tard, il n'en vient plus, à moins que pour réclamer des secours. *Le commandant de la division doit donc pouvoir embrasser lui-même la première ligne de combat.* En conséquence, le général lieutenant A., ne pouvant plus observer les mouvements de l'ennemi du sommet 531, se rend aussitôt à Alt-Rognitz, voire même jusque dans la première ligne de ses troupes, pour se renseigner sur le terrain et sur la position de l'adversaire.

En s'occupant de la sorte, de l'ennemi, on remplit naturellement la condition *de ne point perdre du regard la ligne combattante.* Mais ce qui est difficile dans ce cas, c'est d'observer sa propre réserve. On devrait croire que l'autorité du commandant et la discipline militaire suffisent pour la soumettre d'une manière absolue à la volonté du général en chef.

Mais, à la guerre, il existe un ennemi plus dangereux encore que l'indiscipline. Un chef énergique possèdent tous les moyens nécessaires pour la réprimer. Cet ennemi, c'est le malentendu et le hasard qui nuisent à la stricte exécution des ordres. Dans la transmission des ordres, trois personnes entrent en jeu. Le commandent en chef communique ses ordres au messager. Dans cette communication, il peut ne pas s'expliquer clairement, oublier quelque détail qu'il croit sous entendu, donner un faux nom. Le messager, à son tour peut ne pas bien entendre, mal comprendre la mission; pressé de partir il s'incruste bien pour le moment les paroles dans la tête, mais au bout de quelques minutes de galop, il est possible qu'elles prennent une toute autre forme dans sa mémoire, et même, tout en en conservant le sens,

il se peut qu'il l'exprime à sa manière et donne à
l'ensemble de l'ordre qu'il transmet une significa-
tion toute différente. Enfin, celui qui reçoit l'ordre souvent le comprend mal et l'exécute à rebours,
sans compter qu'il faut du temps pour cette transmission et que dans l'intervalle les circonstances
ont pu changer.

A la bataille de Ligny, par exemple, après
qu'on eût épuisé les réserves des 1er et 2e corps
prussiens, on transmit au 3e corps d'armée l'ordre
suivant : « Faire passer deux brigades d'infanterie par Sombreff et les placer au centre comme
soutien. »

Le corps n'envoya qu'une brigade, la 12e, avec
l'ordre, « de prendre position de l'autre côté de
Sombreff ». La brigade prétend avoir reçu l'ordre
« de s'avancer au delà de Sombreff, de prendre
position près du village, pour maintenir la
communication avec le 2e corps d'armée (à 4 heures du soir) ».

Si les deux brigades du 3e corps d'armée étaient
arrivées au point désigné par le commandant en
chef, il est plus que probable que la percée des
Francais à Ligny, n'aurait pas réussi ; car on
n'avait que de la cavalerie à leur opposer.

Voici un autre exemple, non moins intéressant
tiré de la même campagne :

Le 18 juin, le général lieutenant de Thielemann
trouvant la route barrée ne put faire exécuter
l'ordre de diriger ses troupes de Wavre à Couture;
il se décida alors à déployer son corps d'armée

sur les hauteurs derrière Wavre. La 9ᵉ brigade qui se trouvait encore de l'autre côté du défilé, reçut l'ordre, aussitôt qu'elle l'aurait passé, de faire occuper Wavre par deux bataillons et de faire former avec le reste une réserve sur la route.

Lorsque plus tard on eut besoin de cette réserve on ne la trouva point.

Le rapport du 3ᵉ corps d'armée s'exprime ainsi sur ce fait :

« Le général de Borck, commandant la 9ᵉ brigade après avoir traversé la ville, s'égara avec le reste de sa brigade à la suite d'une foule de petits accidents. Il se dirigea alors sur Couture, dans la pensée que le corps d'armée devait s'y être rendu et que, suivant un ordre reçu précédemment il devait le rejoindre en queue. C'est ainsi que le corps d'armée fut privé de 6 bataillons, d'une batterie et de 2 escadrons, d'une manière impossible à prévoir, puisque la ligne de retraite de la brigade traversait en plein la position du corps d'armée. De plus, un officier, envoyé par elle, avait reçu cette réponse expresse : « Le général se portera un peu en arrière sur la chaussée et s'y placera en réserve. » Ce n'est que fort tard qu'on s'aperçut d'une erreur commise sans doute par la brigade dans la position qu'elle devait occuper, mais personne ne pouvait supposer qu'elle se fut rendue à Couture, et on ne songea guère à l'y faire chercher. »

Quant au rapport de la brigade, il explique

« la foule des petits accidents » dont il était question :

« Vers midi arriva la nouvelle suivante : L'ennemi repousse le 2ᵉ corps d'armée sur Wavre. Ce corps va opérer sa retraite à travers le défilé, couvert par la 9ᵉ brigade qui se trouve en avant de ce défilé. On fit aussitôt prendre aux bataillons les positions nécessaires.

« Lorsque l'arrière-garde du 2ᵉ corps se trouva presqu'à hauteur de la 9ᵉ brigade, on reçut par une instruction écrite (sans doute du commandant en chef du 3ᵉ corps) avis que l'ordre suivant avait été donné : partir pour Couture-lez-Saint-Lambert, occuper Wavre avec deux bataillons et un escadron seulement de la 9ᵉ brigade, pour défendre le passage de la Dyle.

« A peine les dispositions furent-elles prises pour le départ du reste de la brigade et le mouvement commencé qu'il arriva un nouvel ordre : couvrir le flanc gauche de l'arrière-garde du 2ᵉ corps, jusqu'à ce qu'elle ait totalement accompli sa retraite.

« On prit aussitôt les dispositions nécessaires. La retraite du 2ᵉ corps fut suivie de celle des six bataillons à gauche de la ville, pour ne pas causer d'embarras dans le défilé au passage du 2ᵉ corps.

« A peine les troupes de la 9ᵉ brigade, après avoir contourné la ville par un circuit, eurent-elles atteint la route de Bruxelles, et y eurent-elles pris position, que l'ordre arriva de continuer la marche sur cette route. C'était remplir l'instruction précédemment reçue de se rendre à Couture où la brigade arriva fort tard dans la soirée. »

Dans les deux cas, on voit complètement disparaître les réserves que le chef n'avait pas immédiatement sous les yeux ou dont il ne pouvait du moins surveiller les mouvements.

Un chef ne doit donc pas négliger cette considération, quand il s'agit de choisir le point où il doit se tenir.

Dans le cas présent, le général lieutenant A. depuis le commencement du combat, dans l'espace d'une heure et demie, n'a changé qu'une fois de place.

On ne trouve pas toujours, malgré toutes les recherches, un point convenable d'où l'on puisse observer toute la ligne du combat. En ce cas, il faut choisir celui d'où le chef peut du moins observer la portion la plus importante du champ de bataille. Il envoie, sur le reste de la ligne, des officiers sûrs, qui doivent voir pour lui et le renseigner exactement.

3° *De la distribution des ordres et de la surveillance de leur exécution.*

Dans les considérations précédentes, on a touché un mot du mode de distribution des ordres; on ne saurait en séparer la question, qui consiste à surveiller leur exécution.

La première condition essentielle à remplir,

5

quand on donne un ordre, c'est la clarté. Plus il est précis, moins on est exposé à un malentendu. Mais, encore une fois, rien n'est moins facile que de bien distribuer les ordres : c'est un art à apprendre et auquel il faut s'exercer.

Il s'agit de prévoir tout malentendu et tout accident fâcheux. L'instruction écrite est un bon moyen. A la bataille, on ne peut l'appliquer qu'aux grandes masses, par exemple dans les ordres de direction donnés aux corps d'armée par le commandant en chef d'une armée. Mais quand il y a peu de chemin du chef à l'inférieur, quand le premier se trouve au milieu du tourbillon de l'action, il faut que ses ordres arrivent rapidement, et, en ce cas, il ne peuvent être transmis que verbalement.

Les instructions écrites doivent être mises sous enveloppe; autrement les traits au crayon deviennent souvent illisibles par le frottement dans la main ou dans la poche.

Si les instructions sont d'une importance majeure, et si la troupe à laquelle on les adresse, est tellement éloignée que le commandant en chef ne puisse constater par lui-même l'exécution, il sera bon d'adjoindre un second cavalier au messager chargé de porter le pli. Si la contrée à traverser n'est pas sûre, on enverra une seconde et même une troisième expédition et, autant que possible, par d'autres chemins.

Lorsque des ordres verbaux doivent être transmis par des ordonnances, etc., on a l'habitude, depuis longtemps, dans plusieurs corps d'armée, de faire répéter à haute voix l'ordre donné, avant que le messager s'éloigne. Cette mesure ne saurait être trop recommandée.

La surveillance de l'exécution des ordres ne présente aucune difficulté, tant que le chef peut suivre les troupes du regard. Il n'en est pas de même dans le cas contraire. On ne saurait attendre avec certitude d'une troupe engagée, quelque précises que soient les prescriptions qui lui aient été faites à ce sujet, des rapports envoyés à temps et en quantité suffisante.

L'action qui se développe devant elle absorbe toute son attention : elle pense rarement au commandant supérieur s'il n'est présent sur les lieux. Cette vérité est devenue un axiôme établi par l'expérience; il faut donc prévenir, autant que possible, les conséquences fâcheuses qui peuvent en résulter.

Si on a le temps, on envoie, après l'expédition des ordres, des officiers chargés de s'assurer si les mouvements prescrits sont en cours d'exécution ; ou bien, si les distances sont trop grandes, on détache d'une manière permanente des officiers auprès de certaines fractions de troupes, avec mission de rendre compte de l'exécution des ordres.

Par exemple, le 3 juillet 1866, dans l'armée prussienne, avant l'arrivée des rapports de la première armée, annonçant la présence de grandes forces ennemies sur la Bistritz, on avait prescrit à la deuxième armée d'envoyer de fortes reconnaissances sur l'Aupa. Eh bien, on avait déjà envoyé, le 2, du grand quartier général, un officier d'état-major de Miletin à Königinhof, pour suivre le lendemain cette reconnaissance.

Lorsque ensuite, le matin du 3 juillet, arriva au quartier général de la 2ᵉ armée, l'ordre de prendre immédiatement part, avec toutes ses forces, à la bataille de la 1ʳᵉ armée sur la rive droite de l'Elbe, l'état-major général de la 2ᵉ armée adopta les mesures suivantes.

Il envoya d'abord un officier à chacun des quatre corps d'armée de la 2ᵉ armée; puis, au moment du départ de Königinhof, un officier d'état-major au grand quartier général, pour y rendre compte que la 2ᵉ armée se trouvait en marche, en exécution de l'ordre reçu; il fit partir, en outre, un officier d'état-major pour la division la plus proche de la 1ʳᵉ armée (Fransecki), parce que c'était par là que l'aile droite de la 2ᵉ armée devait opérer sa jonction.

En arrivant sur la hauteur de Choteboreck, d'où l'on pouvait apercevoir le corps de la garde et le 5ᵉ corps d'armée qui débouchait, on envoya encore un officier au 1ᵉʳ et un autre au 6ᵉ corps, pour s'assurer si les corps étaient réellement en mouvement, et où se trouvaient leurs têtes de colonne.

Aussitôt après leur départ, on vit sur la gauche le 6ᵉ corps d'armée engager le combat en avant.

Pendant la campagne de 1870-1871, le grand quartier général ainsi que les chefs des grands commandements attachèrent une importance majeure à se procurer, de la même manière, en temps opportun et aussi complètement que possible, des nouvelles des événements qui se passaient au point de la bataille où ils ne pouvaient être présents de leur personne.

Ainsi, le 16 août, trois officiers d'état-major du grand quartier général, se trouvaient à Thionville et à Mars-la-Tour. Dans la prévision d'une rencontre, ils avaient été envoyés, dès la veille, le 15, dans l'après-midi, de Herny, au 3ᵉ corps d'armée qui avait ordre de s'avancer. A la bataille de Gravelotte et de St-Privat, on avait détaché deux officiers du grand quartier général, à la 2ᵉ armée; à Beaumont, quelques uns à la 3ᵉ, ainsi qu'à l'armée de la Meuse, enfin, à Sedan, on avait détaché des officiers du grand état-major général à cette dernière armée, ainsi qu'au 5ᵉ corps d'armée tournant la position par l'aile droite. A Gravelotte, on vit arriver, dans l'après-midi, sur le champ de bataille, deux officiers venant du quartier général de la 3ᵉ armée bien éloignée de là, et qui repartirent la nuit même, après que l'affaire eut été décidée.

Ces officiers d'état-major, envoyèrent pendant la lutte leur rapport sur le cours des événements, et ne s'en retournèrent qu'à la fin de la bataille, après s'être assurés de la position des différents

corps et des intentions des chefs pour le lendemain.

Les missions spéciales de ces officiers étaient
complètement indépendantes de l'envoi fréquent
qu'on avait à faire d'officiers et d'ordonnances
pour la transmission des ordres et des renseignements sur les phases de la lutte.

4° *Rapports.*

Les recommandations indiquées pour la transmission des ordres sont applicables à l'envoi des
rapports.

Il faut y ajouter encore quelques précautions.
Les rapports expédiés dans une journée par un
chef doivent toujours être numérotés. Celui qui
les reçoit a ainsi le moyen de constater aisément,
s'il lui en manque où s'ils lui sont tous par-
venus.

Cette précaution avait été négligée par la reconnaissance du 26 juin. Il n'en est pas résulté
d'inconvénient, mais ce n'est pas une raison pour
s'en abstenir.

En général les troupes qui se trouvent en tête
ne sauraient envoyer trop de rapports, mais elles
devront avoir soin de vérifier leurs renseignements. En présence de l'ennemi, le service d'ex-
ploration ne fonctionne plus en général. C'est
alors le devoir des troupes de fournir aux chefs
les renseignements si indispensables sur l'ennemi, et de les tenir au courant, de la façon la plus
détaillée, de leurs propres mouvements.

La division avait commis une faute en négligeant, le 26 juin, après avoir appris de sa reconnaissance l'entrée du corps de la garde à Braunau, de ne pas en informer le général commandant le corps d'armée.

Dans le cas présent, le général de division A. devait, pendant le combat, envoyer des informations à son général de corps d'armée, qui n'était pas encore arrivé sur le terrain. Il le fit deux fois : la première, pour annoncer l'approche de l'ennemi et l'intention du général A. de l'attaquer sur la rive de l'Aupa; la seconde, pour lui faire connaître qu'on était en possession de la position de Trautenau.

Bien que ces rapports offrissent des informations suffisantes sur la situation, néanmoins la division *ne fit pas tout ce qu'elle devait.*

Qu'on se représente la situation du général en chef. Après une première information que la moitié de son corps d'armée se trouvait en présence de l'ennemi, avec quelle anxiété ne devait il pas attendre des renseignements ultérieurs? Aussitôt qu'il aurait atteint avec la 1re division d'infanterie le champ de bataille, c'est lui qui devait prendre la direction générale des affaires ; il ne pouvait donc être renseigné trop tôt sur le cours de la lutte. Sans compter que si la 2e division d'infanterie eût été rejetée dans les défilés avant que la 1re en eût débouché, il eut fallu prendre de bonne heure des dispositions tout autres que si elle gagnait du terrain. Dans ce dernier cas, on pouvait rapidement amener un renfort de cavalerie et d'artillerie, le porter même en avant de la colonne en marche, ce qui eût été impossible dans le premier cas.

D'ailleurs le général commandant le corps d'armée n'avait rien de plus utile à faire au premier bruit du canon que d'accourir de sa personne sur le champ de bataille ou du moins d'y envoyer un officier d'état-major.

Ce serait une mesure convenable, dans des situations pareilles à celles que nous étudions, d'envoyer en dehors de tout événement extraordinaire des bulletins réguliers et périodiques, de demi-heure en demi-heure, par exemple, donnant des renseignements sur les phases du combat, au chef supérieur s'il ne se trouve pas sur les lieux.

5° *L'officier d'état-major de la division.*

A côté du commandant de la division se trouve l'officier d'état-major de la division, destiné à l'aider dans son commandement.

La mission de cet officier consiste à s'occuper des détails concernant la distribution des ordres, et à prêter pendant le combat un concours puissant à son général en le tenant au courant de la situation et de l'état du terrain, pour lui faciliter ainsi les moyens de prescrire les dispositions nécessaires :

Pour atteindre ce résultat, l'officier d'état-major devra de temps en temps quitter son chef, qui

ne peut être partout et qui ne doit changer de
place que le plus rarement possible. Toutefois il
ne faut pas qu'il s'absente plus souvent et plus
longtemps que les circonstances ne l'exigent im-
périeusement. Il n'est pas libre de le faire par
lui-même ; *sa place est à côté du général qu'il ne
quitte que par ordre ou avec autorisation.*

Le cas se présentera bien assez fréquemment.
Même avec une ligne de bataille d'une division
qui ne s'étend pas démesurément, il arrive que
du point, d'où le chef observe, il ne peut souvent
suivre le combat que dans son ensemble. Il voit
bien l'endroit où le combat a lieu, où l'on avance,
où l'on recule, mais le plus souvent il ignore la
cause de ces vicissitudes. Il ne pourrait se rendre
partout de sa personne, sans perdre immédiatement l'avantage d'embrasser l'ensemble de l'action.

Il peut arriver aussi que le terrain qui s'étend
en avant de son point d'observation lui cache justement une partie de ses troupes ou de celles de
l'ennemi ; les rapports qu'il reçoit ne suffisent pas
pour lui donner une image exacte de ce qui se
passe et néanmoins il ne peut quitter sa place,
parce qu'il doit tenir sous son regard la portion
principale de ses troupes.

D'autre part, même en ce qui concerne la reconnaissance du terrain, spécialement dans le
cas de l'offensive, le temps manque pour qu'un
seul individu puisse voir de ses yeux l'étendue du
terrain, relativement considérable, nécessaire à
une division : les troupes, au fur et à mesure de

leur arrivée, ont besoin de recevoir des ordres immédiats, et pourtant il est impossible de prendre des dispositions utiles sans avoir au moins une idée de la configuration du terrain.

Dans ces différents cas, le chef d'une masse importante de troupe a besoin d'un officier dans le jugement duquel il puisse avoir confiance, qui se transporte sur les divers points où il ne peut être lui-même, et qui là, voie à sa place. Telle est surtout la mission de l'officier d'état-major. Il ne saurait la remplir convenablement sans avoir été spécialement préparé à ce service. Car il lui incombe en outre, et sans attendre d'instruction, de ne rien perdre de vue de ce qui peut faciliter ou seconder l'action du commandant de la division sous quelque rapport que ce soit.

Le savoir de l'officier d'état-major ne doit donc pas se borner à bien comprendre dans la bataille la situation de la troupe à laquelle il est attaché par rapport au plan général ; il doit encore pouvoir se rendre un compte exact des différentes phases du combat et du terrain.

Une instruction approfondie peut seule lui donner l'aptitude nécessaire. Ce qui, dans une division, rend le rôle de l'officier d'état-major le plus difficile, c'est que, pour juger sainement, il est nécessaire de ne pas perdre de vue l'ensemble, et cependant son service l'oblige fréquemment à s'éloigner du point qui seul peut lui permettre d'embrasser cet ensemble.

Chaque fois qu'il revient auprès de son général, cet officier doit donc s'informer tout d'abord de ce qui s'est passé pendant son absence.

Dans notre exemple, l'officier d'état-major ne fut envoyé que vers 8 heures 50 minutes par son général, occupé à donner des ordres à Parschnitz, pour aller reconnaître le mouvement de l'ennemi dont l'approche était annoncée, ainsi que le terrain de la rive droite, sur lequel la division devait faire son attaque.

A 9 heures 32 m. (c'est à dire presque 3/4 d'heure après), il était de retour près de son chef sur le sommet 504, après s'être porté jusqu'aux détachements les plus avancés des hussards, qui servaient de flanqueurs vers Kriblitz. Bientôt il ne fut plus possible de ce sommet d'apercevoir ce qui se passait en avant de la 4ᵉ brigade en train de s'avancer; il y fut alors envoyé vers 10 heures.

Il en revint avec les renseignements demandés, auprès du général lieutenant A, vers 10 heures 25 m.; il repartit de nouveau à 11 heures 20 m. pour aller reconnaître en avant de la 3ᵉ brigade, le terrain qu'on ne pouvait plus apercevoir de la place du général; il était possible que le combat dût y être continué. Au départ du commandant de la division, il n'était pas encore de retour.

De 8 h. 50 à 11 h. 20, c'est à dire dans un laps de temps de 2 heures et demie, le major X compte 83 minutes de présence à l'état-major de la division et 67 minutes d'absence; il avait fait un parcours d'environ 1 mille et demi (11 kilomètres).

Ces différentes missions étaient nécessaires ; pour les remplir, il fallait un officier ayant reçu une instruction complète et spéciale. Mais la division ne disposait, pour faire ce service, que de cet officier d'état-major. Aussi lui était-il très difficile dans de pareilles circonstances, de rester bien informé des différentes phases de l'action.

Ses devoirs, lorsque la division n'est pas engagée, sont tout aussi absorbants.

Examinons seulement tout le travail qui lui incombait pendant le court espace de temps écoulé depuis son premier départ de Parschnitz à 8 h. 50 m. jusqu'à son retour auprès de son général de division sur la hauteur 504, à 9 h. 32 minutes.

Par l'ordre qu'il était chargé de transmettre au colonel D, il savait, en partant de Parschnitz, que la division devait passer l'Aupa à Parschnitz, et attaquer sur la rive droite l'ennemi qui s'avançait ; que le détachement du colonel D et la 1re brigade de cavalerie étaient chargés de couvrir, pendant ce temps, la route de Liébau. La mission consistait à reconnaître l'ennemi et le terrain en vue de l'attaque de la division.

Il lui restait, relativement, peu de temps pour faire cette reconnaissance ; car, dès que les troupes auront atteint la rive droite, l'attaque, en raison de la situation générale, devra suivre immédiatement. La reconnaissance la plus détaillée et la plus complète n'a plus de valeur aucune, si le résultat n'en est pas connu en temps opportun.

Dans ces conditions il est indispensable de gagner, autant que possible, un point assez avancé pour pouvoir embrasser le terrain bien au loin. Ce point, on ne peut le trouver qu'au delà de la crête des hauteurs boisées. Arrivé là, l'officier doit se mettre en communication avec le chef de détachement le plus avancé pour en apprendre tout ce que ce dernier a vu. Le général-major avait déjà poussé bien plus avant jusqu'au sommet 531. L'officier d'état-major l'y rencontre, observe avec lui, pendant quelques moments, les mouvements ennemis, puis part au galop, le long de la chaîne de Kriblitz, jusqu'auprès du peloton du 4e escadron, chargé de flanquer le village. Le chef de ce peloton lui communique quelques détails et lui montre le point d'où l'on peut continuer, le plus avantageusement, à observer l'ennemi.

Avec les renseignements qui viennent de lui être fournis par l'officier de hussards et ce qu'il a déjà vu, il se persuade que l'ennemi ne doit pas être en force et qu'il n'a point l'intention de s'avancer au delà de Trautenau, mais d'occuper cette position.

Il constate également, d'après la configuration du terrain autour de Kriblitz, que l'attaque directe de ce côté présente des difficultés très grandes et qu'il vaut mieux tourner la position par le sud.

Il voudrait bien se porter encore jusqu'au régiment de hussards de l'aile gauche, pour y recueillir, en personne, des renseignements sur ce qu'on

y a observé; de son regard il fouille tout autour
pour voir si les patrouilles de cavalerie n'ont pas
fait quelque prisonnier, afin de savoir quelles sont
les troupes ennemies qui se trouvent en face,
et dont on n'a pas le moindre soupçon jusqu'à
présent.

Il importe, dès la première rencontre avec l'ennemi, de constater si les renseignements recueillis jusqu'alors sur la composition de ses troupes,
se trouvent vérifiés. Il est du plus grand intérêt,
pour le commandement en chef de l'armée, d'être
fixé à ce sujet le plus tôt possible.

On n'avait point encore fait de prisonniers. Le
temps manquait pour faire la reconnaissance plus
complète. D'ailleurs, les buts principaux dont
elle était l'objet pouvaient être considérés comme
atteints.

Le major X retourna donc au galop auprès de
son commandant de division, qu'il trouva à 9 h.
32 m. sur la hauteur 504. Durant cette absence
de 42 minutes, l'officier d'état-major avait parcouru environ 7,000 pas, et avait fait des stations
sur plusieurs points pour observer et prendre des
renseignements. A son retour, il ressortit que le
rapport du général-major B donnait sur l'ennemi
des renseignements plus complets que ceux qu'il
apportait lui-même. Néanmoins, son rapport ser-
vait à confirmer les nouvelles reçues, et avait surtout de la valeur au point de vue de la reconnaissance du terrain.

On aurait peut-être pu envoyer l'officier d'état-

major bien plus tôt en avant. Mais la division
n'en a qu'un, et son service est d'une nature si
complexe, qu'il faut prendre garde d'user ses
forces en exigeant des choses inutiles ou qui ne
sont pas indispensables.

Si, par exemple, pendant le repos de la division, à Parschnitz, il s'était porté en reconnaissance vers Alt.-Rognitz, et si, pendant ce temps,
l'ennemi s'était avancé du côté de l'ouest ou dans
la vallée de Raussnitz, il ne se fût pas trouvé à
l'endroit le plus important au moment de com-
mencer l'action.

En évitant toute fatigue inutile, les forces humaines ne refuseront pas d'être surmenées dans
un moment de grave nécessité.

En revenant à l'état-major de la division, le
major X avait pour premier devoir de se renseigner sur tout ce qui avait été annoncé de l'ennemi, sur les dispositions prescrites pour les
troupes de la division et sur leurs divers emplacements; il devait surtout s'assurer qu'aucun des
détails nécessaires n'avait été omis pour l'exécution des ordres donnés.

Il ne peut guère, dans cet instant critique,
ennuyer son général de toutes ces questions; les
informations prises à l'état-major ne le renseigne-
ront qu'insuffisamment. Si donc le commandant
de la division ne lui fait pas de lui-même toutes
les communications nécessaires, l'officier d'état-
major ne se trouve déjà plus au courant de tout
ce qui s'est passé.

Parmi les détails dont il a à s'occuper figurent les soins que voici : veiller à se procurer des voitures pour le transport des blessés ; donner des ordres pour la direction des équipages et des prisonniers ; faire parvenir les rapports et informations aux autorités supérieures ; rechercher des guides connaissant bien le pays. Cette dernière précaution pourrait sembler superflue : c'est une erreur.

Et d'abord, tout en possédant les cartes les plus détaillées, il n'est pas toujours possible d'en emporter toutes les feuilles dans sa sacoche ; puis il peut se faire que le cours des événements rende justement nécessaires, les feuilles dont on ne comptait avoir besoin que le lendemain, et que, par conséquent, on n'a pas sous la main au moment de vouloir s'en servir. Le cas s'est présenté dans un état-major général, qui, pourvu d'un matériel de cartes très riche, ne trouva pas une seule feuille comprenant le terrain au moment d'entrer sur le champ de bataille de Kœniggraetz.

Du reste, même avec les cartes, on peut encore se tromper. Dans une marche rapide, et en changeant fréquemment de direction, et au milieu de l'action, on peut perdre l'orientation. Rien enfin n'est plus facile que de confondre les objets éloignés, tels que des clochers derrière des bois et forêts, etc.

Le vieux proverbe : « Le plus mauvais guide vaut mieux que la plus belle carte », doit encore prévaloir aujourd'hui, et dans tout état-major

général il sera bon de charger un officier d'être
constamment orienté à l'endroit du terrain.

A cette occasion on peut remarquer que les
exercices relatifs à la lecture des cartes ne sont
pas dirigés dans un sens assez pratique. Il est
inutile d'appuyer sur l'importance des cartes d'ensemble à consulter pendant la bataille. Mais *pour
s'exercer à la tactique sur des plans*, les vues
d'ensemble et l'intelligence d'une carte en général ne suffisent plus. Il faut en même temps chercher à se figurer toujours l'aspect du site, tel qu'il
apparaîtrait aux yeux, ainsi que nous avons plusieurs fois tenté de l'esquisser dans la présente
étude; ensuite on se suppose arrivé à un point,
et l'on se demande, d'après la carte, quel tableau
présente le pays vu du point en question. C'est le
système d'exercice préparatoire qui habituera le
mieux à connaître réellement un terrain et à en
tirer parti.

ROLE DES AUTRES PARTIES DE LA DIVISION JUSQU'A 11 H. 30.

1. — *La 3ᵉ brigade d'infanterie.*

Nous avons laissé le général-major B à 7 heures
40 m. au moment où il rejoignait le gros de son
détachement, à la suite de la reconnaissance qu'il
avait faite du terrain en avant.

Ce détachement se composait :

> des trois bataillons du 2ᵉ rég. d'infanterie,
> de 2/2 escadrons de hussards,
> de la 2ᵉ batterie de 4,

de la compagnie de pionniers, et
d'une section du détachement de santé.

Il se trouvait alors sur la hauteur située au Sud
de Parschnitz et avait ses troupes les plus avancées sur la lisière du bois. Les hommes avaient
formé les faisceaux, déposé les sacs, et reposaient;
la cavalerie et l'artillerie avaient mis pied à terre.

Le 2ᵉ bataillon du 1ᵉʳ régiment occupait la
lisière opposée du bois ; il avait aussi formé les
faisceaux, mais sans toutefois quitter les sacs
(près du sommet 504). La 5ᵉ compagnie avait été
portée jusqu'au chemin de Rausnitz, avec une
grand'garde sur la hauteur située en avant,
et un poste de sous-officier dans la direction de
Rausnitz.

Le 2ᵉ peloton du 4ᵉ escadron s'était avancé vers
Kriblitz, le 3ᵉ peloton du 3ᵉ escadron, dans la direction du milieu d'Alt-Rognitz. Le premier de
ces pelotons avait aussitôt informé le général-major B, qu'il ne pouvait passer le ravin, parce que
le Hopfenberg était occupé par un fort détachement de dragons ennemis. Comme cet avis ne
contenait rien de bien nouveau, le général-major
ne jugea pas à propos d'en informer le divisionnaire. Quand on était encore à Schömberg, on
connaissait déjà la présence de dragons ennemis
à Trautenau.

Afin de ne pas donner l'alarme, il prescrivit au
2ᵉ peloton du 4ᵉ escadron de se contenter d'observer la cavalerie ennemie.

Il ne se passa rien de plus jusqu'à 8 heures 28 m. où un sous-officier, accompagné d'un hussard du 3ᵉ peloton du 3ᵉ escadron, apporta la nouvelle suivante :

« Une colonne ennemie de toutes armes s'avance par la chaussée sur Trautenau. La tête de cette colonne se trouvait encore à 8 heures 10 m, à environ 1,500 pas au sud d'Hohenbruck. »

Le général-major B ne voulut pas envoyer au général de division un renseignement aussi important, sans en avoir contrôlé la valeur. Comme il lui aurait fallu beaucoup de temps pour s'assurer en personne de son exactitude, il dut se contenter d'interroger plus complètement le sous-officier.

D'après le dire de ce sous-officier, le 3ᵉ peloton du 3ᵉ escadron s'était avancé jusqu'au village le plus proche (Alt-Rognitz) et s'était arrêté en avant de ce village. Aussitôt après, on avait aperçu une masse de poussière dans un autre village, situé à 1/4 mille de là (Neu-Rognitz), par lequel passe la chaussée. Le peloton avait alors traversé le premier village, et pris plus en avant une position abritée, pendant que l'officier et le sous-officier se rendaient jusqu'à une petite hauteur boisée, située non loin de la chaussée (527). De là on pouvait observer de très près la marche de l'ennemi sur la chaussée. Le sous-officier disait : « Nous n'étions pas à mille pas. Nous vîmes d'abord déboucher du village environ un bataillon en habits blancs, suivi d'une batterie; on avait encore vu d'autres nuages de poussière; mais tout à coup, un escadron de hulans sortit d'un côté du village, et marcha contre le peloton.

Le peloton dut se retirer et ne s'était pas encore arrêté au moment où le sous-officier reçut l'ordre de se rendre le plus rapidement possible près du général-major. B.

Après cela, on ne pouvait plus élever aucun doute sur l'exactitude du renseignement que ce sous-officier apportait.

Comme cette course rapide avait un peu fatigué les chevaux des deux hussards, le général chargea un officier du régiment d'aller prévenir le général de division, et se rendit, sans toutefois donner l'alarme aux troupes, au poste avancé, où un sous-officier du 4ᵉ peloton du 2ᵉ escadron de hussards lui remit l'avis suivant :

> « Une colonne ennemie s'avance par la chaussée de Königinhof sur Trautenau ; la tête de cette colonne a atteint Hohenbruck à 8 heures 30 m. »

De la hauteur, où se trouvaient les postes (531), on pouvait distinguer dans l'intervalle compris entre quelques sommets, au moyen d'une bonne lunette, le point où les maisons de Hohenbruck touchent la chaussée. On y voyait distinctement défiler de l'infanterie. Les tourbillons de poussière soulevés par sa marche commençaient au Nord du village et se continuaient jusque dans le bois situé en avant de Neu-Rognitz. On voyait aussi les peletons de hussards qui avaient été envoyés en avant vers Kriblitz et vers Alt-Rognitz.

Pour se renseigner plus complètement sur la force de l'ennemi, il fallait faire venir plus de cavalerie; aussi le général jugea à propos d'occuper la lisière du bois, derrière lequel se trouvait le gros de son détachement, afin de couvrir la division.

A 8 heures 38 m. il envoya son aide de camp chercher le régiment de hussards, et lui prescrivit de faire avancer les autres troupes jusqu'à la lisière du bois. Le 2ᵉ bataillon du 1ᵉʳ régiment reçut en même temps l'ordre de prendre position en arrière de la hauteur (531), située en avant.

Il informa le général de division de son intention de préparer l'occupation de la lisière du bois, et continua ses observations.

A 8 heures 50 m. le régiment de hussards, qui n'avait plus que 2 1/2 escadrons, arriva près de lui. Il avait été précédé par son commandant. Ce dernier fut éclairé sur la situation et reçut l'ordre de s'avancer entre Kriblitz et Alt-Rognitz, et de reconnaître la force de l'ennemi.

Le 2ᵉ régiment d'infanterie commença son déploiement en colonne sur la lisière du bois; l'artillerie, et les autres troupes s'y mirent aussi en bataille.

Bientôt après, on reçut l'écrit suivant du 3ᵉ peloton du 3ᵉ escadron :

1er avis du 3e peloton   Hauteur N. d'Alt-Rognitz, .
  du 3e escadron.   27 juin 66, 8 h. 54 matin.

« Il n'y a plus que quelques voitures de bagages qui traversent Neu-Rognitz. A 8 heures 54 m. la queue des troupes ennemies est à quelques centaines de pas d'Hohenbruck. Derrière les bois à l'Est du village, il y a des hulans ennemis, dont la force parait être de quatre escadrons. »

Aussitôt après neuf heures, une batterie ennemie parut sur le Hopfenberg, et ouvrit le feu sur les troupes qui se trouvaient dans la vallée de Liébau ; le général de brigade vit en même temps la queue des colonnes ennemies entrer dans Hohenbruck. La tête du régiment de hussards avait atteint le terrain découvert situé entre Kriblitz et Alt-Rognitz ; il reçut des coups de fusil des bois situés en avant et se dirigea alors vers le bois d'Alt-Rognitz.

Le général-major B retourna au gros de son détachement, afin de donner les ordres de détails nécessaires. Il y rencontra le général de division (504), auquel il fit son rapport sur les événements (9 heures 15 m.).

Le général de division l'informa de son intention de se porter par la rive droite de l'Aupa contre le flanc de l'ennemi, et lui prescrivit de marcher sur Kriblitz (9 heures 23 m.) Le général major B donna en conséquence les ordres suivants :

Au commandant de la batterie :

« La brigade va attaquer Kriblitz au Nord de la chaîne de hauteurs située en avant : préparez son attaque. La cavalerie qui se trouve de ce côté du ravin, ce sont nos hussards; celle qui se trouve de l'autre côté, ce sont des dragons ennemis. »

Au commandant du 2ᵉ régiment d'infanterie :

« Dirigez un bataillon à l'attaque de la partie Nord de Kriblitz; le 2ᵉ bataillon du 1ᵉʳ régiment s'avancera à sa hauteur le long de la chaîne des hauteurs situées en avant. Les deux autres bataillons de votre régiment suivront dans la même direction que le premier, et se tiendront à ma disposition, en réserve. Un peloton de hussards en avant observe encore l'ennemi.

Au commandant du 2ᵉ bataillon du 1ᵉʳ régiment :

« La brigade va attaquer Kriblitz. Faites avancer le bataillon le long de la crête de la chaîne de hauteurs; attendez auparavant que le bataillon de tête du 2ᵉ régiment, qui marche à votre droite, se soit porté à votre hauteur. La 4ᵉ brigade s'avancera à votre gauche. »

La compagnie de pionniers et le détachement de santé reçurent l'ordre de suivre le 2ᵉ régiment.

La batterie de 4 se porta immédiatement à 1300 pas en avant, jusqu'à un petit sommet, coté 366, et à 9 heures 30 m. elle ouvrit le feu sur l'artillerie ennemie du Hopfenberg.

L'infanterie se forma en avançant, le bataillon de fusiliers du 2ᵉ régiment marchait en première ligne : La 11ᵉ compagnie prit le chemin creux de Rausnitz, la 10ᵉ le chemin qui court parallèlement au Nord du précédent, le reste du bataillon, formé en un demi-bataillon, suivit à 300 pas en arrière de l'aile droite. Trois minutes après, les deux autres bataillons, formés en colonne de compagnies sur le centre, se mirent en marche, le premier par le chemin de droite, le deuxième, par le chemin de gauche.

Dès que le bataillon de fusiliers fût arrivé à la hauteur du 2ᵉ bataillon du 1ᵉʳ régiment, ce dernier commença son mouvement. La 6ᵉ compagnie prit la direction de la petite clairière, située au Nord des hauteurs; elle était suivie par les 5ᵉ et 8ᵉ compagnies, formées en un demi-bataillon; la 7ᵉ fût jetée à gauche, pour couvrir le flanc de ce côté, et s'arrêta près de la ligne des crêtes, mais sans la dépasser.

Les pelotons de tirailleurs couvraient tout le front, mais sans se déployer encore, parce que le peloton de hussards, qu'on voyait en avant, couvrait déjà la marche avec ses propres tirailleurs.

A 9 heures 40 m. la ligne la plus avancée de l'infanterie se trouvait, dans sa marche en avant, des deux côtés de la batterie de 4; la queue de la brigade quittait le bois au même moment, près du sommet 504. On voyait paraître les têtes de colonne de la 4ᵉ brigade près de la lisière du bois en arrière.

L'artillerie de l'ennemi n'avait répondu que par quelques coups de canon, et s'était retirée, ainsi que les dragons et l'infanterie, qui se trouvaient sur le Hopfenberg.

Le 2ᵉ peloton du 4ᵉ escadron, s'avançant par la pointe la plus au Nord de Kriblitz, chercha à savoir ce qu'était devenu l'ennemi ; il ne put le faire qu'avec prudence, vu que quelques dragons se montraient encore en arrière des hauteurs, et qu'en outre, Trautenau n'était pas reconnu. Les pelotons de tirailleurs du bataillon de fusiliers s'approchèrent en ce moment de la lisière Est de Kriblitz. Ceux des 6ᵉ et 7ᵉ compagnies du 1ᵉʳ régiment étaient entrés dans le bois situé à l'Est du village, où ils furent accueillis à la lisière Ouest, par un violent feu de mousqueterie, parti de la pente opposée. Dans la première chaleur du feu, les tirailleurs déployés, suivis par les deux compagnies, descendirent rapidement dans le ravin, pour attaquer l'ennemi. Les difficultés du terrain produisirent bien quelque désordre ; néanmoins ces deux compagnies formaient encore une masse concentrée, sur laquelle le feu rapide de l'ennemi eut assez d'effet pour leur faire faire demi-tour. La plus grande partie des tirailleurs des deux compagnies parvint à atteindre la gorge, mais sans pouvoir ni avancer ni reculer ; et ils durent

¹ Elle avait été reconnue par l'officier d'état major de la division et on n'avait pas eu besoin d'en donner d'autre avis.

chercher un abri dans le chemin creux et dans les constructions qui s'y trouvent. Leurs compagnies, déployées sur le bord du bois, commencèrent *le feu*, et furent bientôt renforcées par la 8ᵉ compagnie.

Les pertes étaient assez grandes ; on établit derrière le bois un lieu de pansement, où le général de brigade fit envoyer quelques médecins du 2ᵉ régiment ; il ne paraissait pas encore nécessaire, de recourir au détachement de santé.

Le général-major B ordonna au bataillon d'arrêter son mouvement offensif et de se maintenir sur la hauteur située de ce côté de Kriblitz. Il prescrivit à la réserve de la brigade (2 bataillons du 2ᵉ régiment) de suivre leurs bataillons de fusiliers, qui traversaient la partie Nord de Kriblitz. Le feu violent de l'ennemi ne permettant plus à la 2ᵉ batterie de se mettre en batterie sur la hauteur de Kriblitz, elle prit aussi la même direction.

Après avoir traversé le ravin, le bataillon de fusiliers détacha la 10ᵉ compagnie pour couvrir le flanc droit, dans la direction de Trautenau ; les autres compagnies, la 11ᵉ en tête, se tournèrent contre le bois occupé par l'ennemi, pour prendre part au combat du 2ᵉ bataillon du 1ᵉʳ régiment. Le général de brigade laissa faire ce mouvement, qui était conforme à ses vues, et se rendit aux deux autres bataillons du 2ᵉ régiment, dont les têtes de colonne entraient dans Kriblitz. En descendant la pente, il remarqua que le détachement du colonel D était aussi en mouvement sur Trautenau, près de la chaussée de Liébau.

Arrivé à Kriblitz, il apprit par un avis du 2° peloton du 4° escadron, que l'ennemi avait évacué Trautenau, mais que les ponts étaient fortement barricadés. Il envoya, en conséquence, la compagnie de pionniers à Trautenau pour rétablir les passages de l'Aupa et pour occuper et reconnaître les issues Sud et Ouest de la ville, de concert avec la 10° compagnie de fusiliers, qui s'y était portée. Aussitôt après (après 10 heures), il reçut l'ordre du général de division, de se mettre en possession de Trautenau, ainsi que de la hauteur située au Sud de la ville, et d'attirer à . lui le détachement du colonel D.

La première chose était déjà faite. Comme l'aide de camp, qui avait apporté l'ordre, avait encore à aller à la 1ʳᵉ brigade de cavalerie, il fut chargé en même temps de prévenir le colonel D de ce qui le concernait.

L'ennemi évacua la lisière du petit bois qu'il occupait, dès qu'il vit approcher le bataillon de fusiliers du 2° régiment; deux pelotons seulement de la 11° compagnie eurent encore à soutenir un léger combat de tirailleurs.

A leur entrée dans le bois, ils rencontrèrent déjà les troupes du 2° bataillon du 1ᵉʳ régiment, qui avaient suivi l'ennemi, aussitôt qu'elles s'étaient aperçues de sa retraite. Les deux troupes se mêlèrent d'autant plus, à mesure que les 9° et 12° compagnies, qui étaient aussi déployées à distance entière, entrèrent dans le bois.

Au même moment, le général-major B s'approcha avec les deux bataillons du 2ᵉ régiment et la batterie du chemin creux et encaissé, qui se trouve sur la pente nord-est du Hopfenberg. Le peloton de hussards, réduit à 16 chevaux, après le départ des patrouilles envoyées au delà de Trautenau, et de deux ordonnances au général de brigade, éclaira les sommets situés à l'ouest du Hopfenberg.

La colonne du colonel D, qui se trouvait dans la vallée, s'arrêta tout à coup, pour laisser passer au trot sa brigade de cavalerie; ce temps d'arrêt était motivé par le barrage du passage de l'Aupa.

Le général-major B ordonna maintenant aux deux bataillons qui avaient combattu, de ne plus suivre l'ennemi dans sa retraite, mais de rejoindre le gros de la brigade au sud du Hopfenberg.

Il fallut quelque temps pour faire exécuter cet ordre, parce que les deux bataillons qui étaient entrés pêle-mêle dans le bois et avaient suivi l'ennemi au delà de la lisière, ne s'étaient pas encore remis en ordre.

Le général conduisit le gros de la brigade au sommet 504; la batterie dut faire un détour par le chemin creux, qui va sur Trautenau et la lisière ouest du bois de Kriblitz, pour opérer sa jonction.

Avant d'avoir atteint la hauteur, on apprit par les hussards, que des colonnes d'infanterie ennemie se retiraient par la chaussée, que la queue avait déjà atteint Hohenbruck, et de plus, qu'un bataillon et quelques escadrons se retiraient également par l'ouest du village.

On transmit cet avis au général de division, en l'informant que la brigade, tout en gardant la ville, se concentrait au sud du Hopfenberg, pour suivre ensuite l'ennemi.

A 10 heures 30 m., le gros de la brigade arrivait au sommet 504; de là on voyait les fractions avancées de la 4ᵉ brigade s'approcher d'Alt-Rognitz; le reste du 2ᵉ peloton du 4ᵉ escadron éclairait le chemin creux qui va de ce village à Hohenbruck. Les difficultés du terrain et le détour qu'elle fut par suite obligée de faire, ne permirent plus à la 2ᵉ batterie de 4 d'arriver à temps pour canonner l'ennemi en retraite par la chaussée.

Telle était la situation, quand tout à coup on reçut des patrouilles de hussards qui s'étaient portées encore plus en avant vers l'ouest, ainsi que de la part du colonel D, l'avis suivant:

> « Une colonne de toutes armes s'approche de Trautenau, par la vallée supérieure de l'Aupa; la tête n'est pas à plus de 1,500 pas de la ville. »

Cette nouvelle était des plus surprenantes. On n'avait aucune connaissance de la présence de troupes amies dans cette direction: ce ne pouvait donc être que l'ennemi. La situation de la brigade était alors assez critique pour la forcer à faire

front à la fois vers l'ouest et au sud, tout en occupant Trautenau et les hauteurs.

Cependant, avant de donner les ordres nécessaires, le général-major B se porta lui-même dans
cette direction, pour s'assurer en personne de
l'exactitude des renseignements donnés.

Il n'avait pas encore atteint ce point, qu'un
deuxième avis du colonel D vint le tranquilliser.
Le colonel le prévenait que les troupes en question appartenaient à un détachement de flanqueurs de la 1ʳᵒ division d'infanterie, et que ses
hussards étaient déjà en communication avec les
dragons de cette division.

Le général rejoignit sa brigade où il retrouva,
à 10 heures 50 m., l'officier d'ordonnance qu'il
avait envoyé au général de division. Ce dernier
prescrivait de rester sur les hauteurs jusqu'à nouvel ordre. Les bataillons qui avaient été en action
au bois de Kriblitz, rejoignirent successivement
le gros, sauf la 10ᵉ compagnie, qui était encore
à Trautenau; le 2ᵉ bataillon du 1ᵉʳ régiment se
plaça à la droite du 2ᵉ régiment; puis la tête du
détachement du colonel D, traversant Trautenau,
s'approcha du rendez-vous.

Ce détachement était parti des fermes de la
route de Liébau, quand la brigade atteignait
Kriblitz; les deux pelotons du 4ᵉ escadron portés
en avant, déblayèrent la barricade du pont avant
l'arrivée des pionniers. Comme l'infanterie, au
lieu de suivre la chaussée, marchait au sud de
cette chaussée, la 1ʳᵉ brigade de cavalerie put

passer au trot sur cette dernière, et se servir d'un pont en bois qui se trouvait à l'ouest du pont de la route.

A 11 heures, la tête du détachement du colonel D avait rejoint sa brigade; il se plaça à la droite du 2° régiment, qui avait formé ses bataillons les uns derrière les autres. La cavalerie se déploya près de la chaussée qui conduit à Arnau, et détacha un escadron pour éclairer la route dans cette direction.

A 11 heures 9 m. arriva l'ordre du général de division, de s'avancer jusqu'au chemin creux d'Alt-Rognitz à Hohenbruck, tout en maintenant la chaussée, et d'occuper les sommets situés au sud de ce chemin.

La brigade s'avança, les régiments formés l'un à côté de l'autre, les bataillons de fusiliers en tête, les batteries prirent la droite dans le terrain qui était plus praticable pour elle.

Bientôt après on vit en arrière les colonnes de la première division d'infanterie qui s'approchaient de Trautenau par la chaussée de Liébau.

A 11 h. 20 m., le général en chef arriva à la brigade. Le général-major lui rendit compte des événements; il lui expliqua le but du mouvement qui s'exécutait, et informa en même temps le général de division A de l'arrivée du général en chef.

A 11 heures 30 m., le bataillon de fusiliers du 1er régiment, moins la 11° compagnie, qui se trouvait vers Rausnitz, avait occupé avec deux compagnies la partie d'Hohenbruck, située près de la chaussée (l'une de ces compagnies était déployée, l'autre en colonne en réserve).

La 10ᵉ compagnie se tenait sur la lisière d'un petit bois situé à l'est de là.

Le bataillon de fusiliers du 2ᵉ régiment, qui n'avait, lui aussi, plus que trois compagnies, se déploya à gauche, deux compagnies en première ligne au delà du chemin creux d'Hohenbruck à Alt-Rognitz, et la dernière en réserve en arrière.

Plus en arrière, près du coude que le chemin creux forme vers le nord, se trouvaient les autres bataillons formés les uns derrière les autres, à droite, ceux du 1ᵉʳ régiment, à gauche, ceux du 2ᵉ régiment; les batteries étaient à l'aile droite, près de la chaussée. A la droite de tout, le commandant du 4ᵉ escadron cherchait à rassembler son escadron, en rappelant à lui le 2ᵉ peloton, ainsi que diverses patrouilles.

Le général en chef permit de faire revenir la compagnie de pionniers, qui se trouvait encore à Trautenau.

La brigade de cavalerie prit position au nord d'Hohenbruck, à l'abri d'une hauteur doucement inclinée.

Examinons de plus près les événements qui se sont passés à la 3ᵉ brigade.

Les quatre bataillons, qui avaient été détachés sur la rive droite de l'Aupa, avaient pour mission de couvrir la division campée à Parschnitz.

Les mesures à prescrire à ce détachement devaient par conséquent le mettre à même de remplir sa mission par un combat, s'il le fallait. Mais on ne pouvait, dès le début, prévoir si un tel combat s'engagerait dans la direction de Kriblitz ou de Rausnitz, ou peut-être dans les deux à la fois.

Le général-major n'avait donc pas autre chose à faire qu'à tenir la masse de ses troupes prête à recevoir l'ennemi là où il se présenterait.

A cet effet, il fallait garder le terrain en avant, de manière à être informé à temps de l'approche de l'ennemi, et à avoir le temps de prendre les dispositions nécessaires pour le combat; il fallait en même temps reconnaître d'avance les positions convenables.

Ces considérations indiquaient la conduite à tenir par le général pour le moment. Il reconnaissait d'abord que, dans le cas d'un combat, il aurait à déployer la brigade en quelque endroit le long de la lisière sud du bois, qui s'étend en avant sur une grande longueur.

Afin de pouvoir le faire au moment propice, et en même temps s'éclairer, il porta un bataillon au delà du bois, et fit reconnaître par deux pelotons de hussards le terrain en avant vers l'ouest et vers le sud. (Voyez la 1ʳᵉ partie.)

Quelque simple que paraisse la situation, il n'est cependant pas indifférent de destiner un bataillon quelconque au service de sûreté. Ici le général désigna le 2ᵉ bataillon du 1ᵉʳ régiment. Il conservait ainsi le 2ᵉ régiment réuni

7

sous un seul chef; cette mesure était conforme au principe de ne séparer que le moins possible les unités organiques.

Mais s'il y avait eu encore un autre bataillon du 1ᵉʳ régiment à sa place de bataille, il eût mieux valu en détacher un du 2ᵉ régiment.

Les deux colonels restèrent ensuite au gros de la brigade avec deux bataillons de leur régiment respectif.

Il est difficile de se passer des autorités intermédiaires pour diriger un combat; elles facilitent la chose, du reste. Chaque commandant de troupe, qui a des détachements, doit donc se tenir au gros de sa troupe. Ici le colonel D se trouve là où sept compagnies de son régiment sont encore réunies, et le général-major B aussi a encore quatre bataillons de sa brigade sous la main. Si l'on détache au contraire les différents bataillons d'un même régiment, le colonel n'a plus rien à faire qu'à regarder. Il ne voudra pas certainement rester réduit à ce rôle; il préférera se joindre à l'un de ces bataillons, qui aura ainsi deux chefs, ce qui est toujours fâcheux.

Quand il y a des détachements à faire, il importe de ne pas perdre de vue ces considérations.

Il y a lieu de se demander maintenant pourquoi le général-major B se contenta d'employer deux pelotons de hussards pour éclairer le terrain en avant et reconnaître les chemins. C'est la mission du régiment de cavalerie divisionnaire de faire le service de sûreté dans la sphère de la division,

et même au delà, en l'absence d'autre cavalerie.
Ici le général-major B avait encore à sa disposition pour ce but 2 1/2 escadrons.

Pour répondre à cette question, il suffit de dire
que l'on doit toujours être éclairé sur le but et
sur les modifications que lui impose toujours la
diversité des situations, que l'on ne peut avoir
une règle invariable pour tous les cas, et que le
chef doit toujours chercher à atteindre le but
poursuivi dans le moment, avec le moins de
moyens possibles.

Si l'on n'avait pas su qu'il y avait de la cavalerie ennemie dans le voisinage, et si l'on n'avait
pas eu à garder une aussi grande étendue de terrain que celle qui s'étend entre les vallées de Kriblitz et de Rausnitz, on aurait même pu se contenter d'envoyer simplement un officier avec
quelques cavaliers choisis dans cette direction.

On commet souvent la faute d'envoyer en
avant, à toutè occasion, tout le régiment de cavalerie divisionnaire, tandis qu'il suffirait quelquefois d'y détacher seulement deux cavaliers
hardis et bien dressés, qui verraient davantage
sans être aussitôt découverts. On ruine ainsi la
cavalerie divisionnaire dès le début de la campagne, et on risque de ne plus l'avoir sous la
main, s'il devient tout à coup nécessaire de
s'éclairer dans une autre direction. Il ne faut pas
oublier non plus que la cavalerie attachée à la
division d'infanterie a, elle aussi, encore d'autres
missions à remplir.

D'un autre côté; il ne faut pas trop exiger des petites patrouilles dont nous parlons. *En pays ennemi et dans le voisinage de l'ennemi*, on ne doit pas exiger d'elles, qu'elles parcourent seules le pays trop loin.

On les pousserait ainsi à leur perte, si elles n'avaient derrière elles de forts soutiens de cavalerie.

Ce n'est qu'à cette condition, qu'on peut lancer à la fois en avant des patrouilles sur toutes les routes et dans toutes les directions, les soutenir par des piquets en arrière, reliés à elles, et procurer ainsi la sûreté nécessaire. Dans de telles situations, on ne peut remplir ce but qu'avec une grande masse de cavalerie, appuyée par de l'artillerie à cheval, et de plus, l'étendue de la sphère à éclairer dépend de la force de la cavalerie. On peut même employer à une grande distance de l'armée de gros détachements de cette arme, sans que leur mission d'éclaireurs les dispense d'accepter le combat.

Le général-major se contenta donc de détacher seulement le nombre de chevaux nécessaires; il avait d'autant plus de raison d'agir ainsi, que l'on n'était encore qu'aux premières heures de la journée, et qu'on ne pouvait prévoir, quel concours on pouvait encore exiger de la cavalerie dans le reste du jour.

A la vérité, la situation changea bien vite, quand le 2e peloton du 4e escadron donna avis que la présence de dragons ennemis l'empêchait de traverser le ravin de Kriblitz.

Il était certainement désirable, d'être renseigné plus complètement le plus tôt possible sur ce qui se passait à Trautenau; mais pour cela, il eût fallu envoyer en avant le reste du régiment de hussards (2 1/2 escadrons); c'était l'engager probablement dans un combat de cavalerie. Un tel combat, non loin de troupes au repos, dérangera toujours ces troupes. C'est à peine si l'on aurait pu se dispenser, de soutenir les hussards par la batterie et le bataillon le plus avancé, qu'il eût fallu alors remplacer par un autre bataillon. Au reste, le général de division aurait dès le début porté le régiment de hussards en avant, si cela avait été dans ses intentions, et la situation n'avait pas beaucoup changé, puisqu'on connaissait déjà depuis longtemps la présence de la cavalerie ennemie à Trautenau.

A la suite de l'avis qu'il recevait, le général-major B n'eut donc pas de nouvelles dispositions à prendre. Mais à 8 heures 28 m. lorsqu'il fut informé par le 3e peloton du 3e escadron de l'approche d'une colonne ennemie de toutes armes, la situation se changeait complètement. Il était nécessaire d'en prévenir le plus rapidement possible le général de division.

Quelque désirable qu'il eût été pour le général de se rendre lui-même en avant, pour s'assurer en personne de l'exactitude de cette nouvelle, il n'avait cependant pas de temps à perdre pour faire cette reconnaissance.

Afin de ne pas donner l'alarme par un rensei-

gnement, qui pouvait être faux, le général inter-
rogea le sous-officier en détail, et ce n'est qu'après,
qu'il envoya un officier au général de division, et
qu'il alla faire lui-même sa reconnaissance.

Comme la supériorité de la cavalerie ennemie
avait repoussé le peloton du 3ᵉ escadron, et empêchait d'observer de plus près le mouvement de
l'ennemi, il fallut alors employer tous les moyens,
pour cependant le faire aussi loin que possible.
Quoique le terrain en avant fût coupé et couvert
de bouquets de bois, on ne pouvait le faire rapidement qu'avec de la cavalerie.

Pour remplir sa mission dans de telles circonstances, la cavalerie doit d'abord repousser la
cavalerie ennemie, et pour y parvenir, il lui faut,
au besoin, employer toutes ses forces. Il importe
donc de placer aux points convenables toute la
cavalerie dont on dispose, sans en rien conserver
en arrière, comme réserve, si le but qu'on pour-
suit dans le moment doit s'atteindre en avant.
C'est pour ce motif que le régiment de hussards
fut porté en avant.

Il arrive très souvent dans des occasions analogues, que le commandant de la cavalerie reçoit
des instructions insuffisantes, en ce sens qu'on
lui donne bien un ordre précis, mais sans l'éclairer suffisamment sur toute la situation, dans ce
qu'elle peut l'intéresser. Cela est cependant nécessaire. Ici, en effet, le commandant de la cavalerie n'a eu jusqu'alors, aucune connaissance des
avis qui sont arrivés, et le point où il se trouvait,

et d'où il n'a pas encore bougé, ne lui permettait
pas de voir beaucoup. Il se trouve tout à coup en
présence d'une situation toute nouvelle pour lui ;
il ne sait même pas, si les flanqueurs dont il
n'aperçoit que la silhouette à un quart de mille en
avant de là, sont ses propres hussards ou des
cavaliers ennemis. Sa marche sera toute autre,
s'il y a en avant de lui à de grandes distances des
troupes amies, au lieu d'être exposé à rencontrer
à tout instant l'ennemi. L'ordre ne doit donc pas
seulement se borner à dire ;

> « On annonce la marche d'une colonne
> ennemie de toutes armes, sur la route de
> Königinhof à Trautenau ; la tête vient
> d'atteindre Hohenbruck. Portez votre régi-
> ment dans la direction de l'extrémité Nord
> d'Alt-Rognitz, pour reconnaître de près
> cette colonne. »

Il faut de plus ajouter :

> « Les cavaliers qu'on aperçoit là-bas
> appartiennent à un peloton de votre régi-
> ment, envoyé déjà dans cette direction. »

Cela ne suffit pas encore. Les dragons ennemis, dont on avait annoncé la présence de l'autre
côté du ravin de Kriblitz, et dont on ne pouvait
juger la force, pouvaient incommoder le régiment de hussards, dans sa marche vers Alt-
Rognitz, peut-être même, le mettre en danger.
Le général-major B aurait, dès lors, bien fait

de lui donner ses instructions de la manière suivante :

« Vous voyez là bas la colonne ennemie qui marche sur la grande route, et qui vient d'entrer dans le village — c'est Hohenbruck —. Un peloton de votre régiment, ici à gauche, près du village d'Alt-Rognitz, le plus rapproché de nous, en a observé la marche, mais il a été repoussé par des hulans ennemis. Les flanqueurs, que vous voyez là bas, appartiennent au même peloton. Avancez-vous dans la même direction et reconnaîssez l'ennemi; il m'importe d'en connaître rapidement la force. Un autre peloton de votre régiment se trouve dans le flanc droit ; vous le voyez par dessus la gorge de Kriblitz ; mais il n'a pu aller plus loin, parce qu'il y a de l'autre côté des dragons ennemis en force. Un bataillon occupera cette hauteur, pour vous rallier, s'il y a lieu. »

Une telle instruction exigera certainement plus de temps qu'un ordre bref; mais si le commandant a l'attention de précéder sa troupe, on trouvera le temps nécessaire. En tous cas, il vaut mieux perdre quelques minutes, que d'entraîner tout à coup des troupes dans un terrain et dans une situation, qui ne leur permettent pas de recueillir rapidement des renseignements précis.

La plupart du temps, on fait un mauvais usage des réserves dans le combat. Le 16 juin 1815, les soutiens que l'on tirait successivement des 1er et 2e corps d'armée prussiens, pour les porter vers Ligny reçurent à peu près ensemble l'ordre de « repousser l'ennemi ». Les bataillons s'élançaient aussitôt dans le village, souvent à un moment, où cela n'était pas absolument nécessaire, et s'avançaient toujours plus loin, le dépassant même, rien que « pour repousser l'ennemi ». Chaque fois c'était un échec, et l'ennemi poussait sur les talons les bataillons prussiens en retraite, et entrait dans le village avec eux.

Si leurs chefs avaient eu, avant de s'engager, une idée de la manière dont le combat s'était passé jusque là, il est probable qu'ils auraient pris d'autres dispositions. Il eût été mieux de leur donner les instructions suivantes :

> « Approchez-vous de Ligny et mettez-vous sous les ordres du général X qui y commande. »

Il appartenait alors à ce dernier d'instruire les commandants des troupes; il eût été ainsi plus facile de diriger convenablement toutes les forces vers un but unique.

Dans le cas d'un combat malheureux, il est presque encore plus nécessaire d'avoir des troupes de ralliement, pour recevoir la cavalerie repoussée, que lorsqu'il s'agit de l'infanterie. Il faut donc le faire, quand on le peut. C'est pour cette raison que le général-major B porta son bataillon le plus avancé près de la hauteur la plus rapprochée pour couvrir le mouvement (531).

On a vu que le général-major B était allé lui-même reconnaître en personne la marche de l'ennemi, aussitôt qu'il en avait eu avis. Avant de lancer ses troupes au combat, il faut voir par soi-même, chaque fois qu'on le peut. Naturellement la chose n'est pas toujours possible, avec de grandes masses; autrement, la moitié de la journée se passerait, avant que les diverses troupes eussent reçu leur direction.

En même temps qu'il portait les hussards en avant, le général fit avancer ses autres détachements près de la lisière Sud du bois; il n'hésita pas un instant à faire prendre les armes aux troupes encore au repos. L'ennemi, qui se trouvait dans les environs pouvait, d'un moment à l'autre, attaquer la brigade; elle devait donc se préparer à le recevoir. Cette attaque ne pouvait guère venir que de Kriblitz ou d'Hohenbruch. Mais quelque fût la manière dont on se plaçât, le terrain, en tous cas, n'offrait pas une position favorable; il était très étendu, coupé en avant, une retraite ne pourrait se faire que difficilement. Ici, comme dans beaucoup d'autres cas, il fallait le prendre, comme il était; la situation générale forçait la brigade à recevoir l'attaque dans cet endroit.

Si le général avait eu l'idée, de déployer la brigade le long de la lisière Sud du bois (504,509),

cette position n'eût pas été très heureusement
choisie. La brigade ne pouvait occuper toute cette
longue ligne de bois; il n'y avait ni appui pour
les ailes, ni emplacements favorables pour permettre à l'artillerie de couvrir la brigade; il eût
été difficile d'y soutenir le combat; de plus, il y
avait en avant du centre de la position une chaîne
de hauteurs (554,531) qui la dominait dans
toute son étendue.

Dans ces circonstances, il eût peut-être été plus
convenable, d'occuper d'abord la hauteur 531 avec
la batterie et 1 ou 2 bataillons, et de tenir en
arrière en réserve le reste de la brigade formée
en colonne serrée. On pouvait ainsi tout aussi
bien appuyer directement la défense de la hauteur, dont la position n'était pas en elle-même
désavantageuse, et tomber dans le flanc de l'ennemi, s'il débouchait de Kriblitz, pour attaquer
entre l'Aupa et la chaîne de hauteurs (554,531).

Il n'était pas de la compétence du général de
brigade de prendre de lui-même l'offensive; c'eût
été dépasser le but assigné à son détachement.
Ses dispositions défensives étaient donc justes à
son point de vue, et ne pouvaient qu'être approu-
vées par le général de division, quoique ce dernier prit immédiatement des mesures tout opposées.

En ce qui concerne l'attaque de Kriblitz, que
devait exécuter la brigade, les ordres donnés par
le général-major B paraîssent bien répondre au
but. Il laisse aux diverses unités toute leur indé-

pendance; ainsi ses ordres ne s'adressent qu'au
colonel du 2ᵉ régiment, au 2ᵉ bataillon isolé du
1ᵉʳ régiment, à la batterie, à la compagnie de
pionniers, et au détachement de santé. En même
temps qu'il assigne à chacune de ces fractions la
mission qu'elle a à remplir, il leur indique la direction à prendre, sans négliger l'ensemble du
mouvement, et les renseigne sur les troupes voisines, ainsi que sur les hussards qui se trouvent
encore en avant. Il était inutile de donner ce dernier renseignement au 2ᵉ bataillon du 1ᵉʳ régiment, qui était présent, quand les hussards se
sont portés en avant.

En ce qui regarde la disposition de l'attaque,
on laisse au commandant de la batterie le soin de
choisir lui-même la position la plus convenable;
il suffit de lui indiquer la mission à remplir. Deux
bataillons sont employés en première ligne; l'attaque proprement dite doit bien, à la vérité, se
faire sur Kriblitz, mais on ne peut cependant
dégarnir immédiatement la chaîne de hauteurs
qui se trouve sur le flanc gauche; les deux autres
bataillons restent en réserve, prêts à être employés
soit du côté de Kriblitz, soit sur la chaîne de
hauteurs, si cela est nécessaire.

Dans la marche en avant, l'attention du général de brigade doit aussi bien se porter sur l'ennemi que sur ses propres troupes. Il doit veiller
à ce que les deux bataillons avancés agissent en
commun et sans quitter la vraie direction; il
doit veiller aussi à ce que la batterie soit prête à

se porter ailleurs dès qu'elle a terminé la mission qu'elle avait momentanément à remplir dans sa première position. Il doit veiller enfin à ce que les deux bataillons de réserve ne s'écartent pas de leur destination. Il ne faut pas perdre de vue que ces bataillons suivent leur bataillon de fusiliers, qui ne peut avancer que lentement quand il tombe sous le feu de l'infanterie ; que la distance entre ce dernier bataillon et les suivants diminue ainsi à chaque instant, et que ceux-ci peuvent être tentés de s'engager aussi en première ligne. En tous cas, il en a été ainsi dans beaucoup de combats de notre dernière guerre, et il arrive maintes fois qu'un commandant de régiment se laisse entraîner à engager immédiatement la 2ᵉ et la 3ᵉ ligne, pour dégager la première, dès qu'elle semble quelque peu arrêtée. Une telle manière d'agir ne peut se justifier que dans des attaques décisives après un long combat, mais non dès le début d'une action. Il n'était donc pas superflu d'ajouter dans l'ordre donné au commandant du 2ᵉ régiment :

> « Suivez avec les deux bataillons comme réserve, à la disposition du général de brigade. »

et de plus, il faut encore surveiller d'une manière continue l'exécution d'un tel ordre.

Quel bataillon du 2ᵉ régiment, le commandant de ce régiment doit porter en avant ; dans quelle formation les deux bataillons de la 1ʳᵉ ligne doivent s'avancer, c'est l'affaire des commandants respectifs de ces troupes. Le général de brigade ne doit intervenir que lorsqu'il découvre quelque faute, ainsi, par exemple, si un bataillon de la 1re ligne s'avançait en colonne serrée, ou si le 2e bataillon du 1er régiment arrivait avec toutes les compagnies sur la crête de la chaîne de hauteurs.

Le général-major a donc eu lieu d'intervenir à l'occasion de la marche en avant quelque peu inconsidérée du 2e bataillon du 1er régiment. Il s'agissait seulement d'amuser dans un combat l'ennemi qu'il rencontrait jusqu'à l'arrivée des ailes; c'est pourquoi le bataillon reçut l'ordre de suspendre provisoirement le combat. C'était au général de brigade à donner cet ordre; car autrement le commandant du bataillon, du point où il se trouvait, n'avait qu'à poursuivre uniquement le but indiqué, de repousser l'infanterie ennemie qu'il avait en face, et il aurait pu, à cet effet, y employer jusqu'à son dernier homme.

L'ennemi ne défendant même pas Kriblitz, le bataillon qui formait l'aile droite de la 1re ligne se tourna de lui-même, après avoir traversé le ravin, vers le petit bois encore occupé par l'ennemi. Ce mouvement concordait avec les intentions du général de brigade; il n'eut donc pas à y intervenir.

De tels mouvements, même quand ils sont exécutés par des corps de troupes moins considérables, peuvent souvent décider de quelque phase du combat, et on se dispute fréquemment en arrière le mérite d'avoir donné l'impulsion. Outre qu'il n'y a, en général, aucun mérite à chercher dans l'accomplissement du devoir, et que le plus ou moins de mérite ne saurait se mesurer au mètre, il est constant néanmoins que le supérieur reste responsable de tout ce qu'il laisse faire sous ses yeux à ses subordonnés, quand même il n'aurait pas donné d'ordre.

En tous cas, la marche de l'aile droite contre le Hopfenberg, exigeait qu'on s'éclairât sur ce qui se passait à Trautenau. Si le peloton de hussards ou le bataillon qui formait l'aile droite, ne l'avaient pas fait d'eux-mêmes, le général de brigade aurait dû donner des ordres à cet effet. L'envoi de la compagnie de pionniers vers la ville était certes conforme à la situation générale, que le général-major B seul pouvait embrasser; c'est à lui qu'il appartenait donc de lui donner cet ordre.

Le général de division fut informé de la retraite de l'ennemi, qu'on observait, et l'ordre qu'il donna, de réunir toute la brigade, fut mis à exécution.

En dernier lieu, remarquons encore combien l'incertitude, qui résultait de la nouvelle de l'approche d'une colonne ennemie le long de l'Aupa, invite à donner aux chefs d'un ordre élevé un aperçu suffisant sur les mouvements de toutes les colonnes avec lesquelles ils peuvent être en contact.

La 4ᵉ brigade d'infanterie.

La 4ᵉ brigade d'infanterie avait été complètement réunie à 8 heures 15 m. au rendez-vous de
Parschnitz, où venaient d'arriver les deux batteries de 6.

A la suite de l'avis de l'approche de l'ennemi,
la brigade avait pris les armes vers 8 heures 3/4,
et avait reçu à 8 heures 50 m. l'ordre de passer
l'Aupa à Parschnitz avec les batteries.

Le général de brigade la précédait et arrivait
au galop à 9 heures 35 m. sur le sommet 504 où
se trouvait le général de division. Ce dernier lui
donna l'ordre de rester provisoirement en marche
dans le terrain libre entre Kriblitz et Alt-Rognitz,
pendant que la 3ᵉ brigade, à sa droite, marcherait à l'attaque de Kriblitz.

La brigade marchait en deux colonnes, le 3ᵉ régiment à droite, le 4ᵉ à gauche; les bataillons
étaient en colonne par section, respectivement
à gauche et à droite. Dès que les têtes de colonne
furent arrivées au sommet 504, les deux bataillons de fusiliers qui se trouvaient en tête se for-
mèrent en colonnes de compagnie sur le centre
et se déployèrent à distance entière; les bataillons suivants restèrent en ordre de marche;
ils s'arrêtèrent cependant quelque temps pour
se serrer et se remettre un peu en ordre. Les
batteries de 6 suivaient les fusiliers.

A 9 heures 50 m. on passa le sommet 531,
où était le général de division, et on se dirigea

vers le sud-ouest, pendant que le bataillon, qui formait l'aile gauche de la 3ᵉ brigade, était déjà engagé, sur les bords du ravin de Kriblitz. Le général-major C fut informé que l'ennemi était sur le point d'évacuer la position de Trautenau, et reçut l'ordre de chercher, avec sa brigade et le régiment de hussards, à gêner le plus possible la retraite de l'ennemi, pendant que la 3ᵉ brigade se rassemblerait sur les hauteurs au sud de Trautenau. Comme l'on apercevait alors aussi des colonnes d'infanterie ennemie en retraite au sud du bois de Kriblitz, les deux batteries de 6 s'avancèrent jusqu'à la 1ʳᵉ ligne des tirailleurs.

Une de ces batteries se vit bientôt, quoique à une grande distance, accueillie par un feu d'infanterie sorti du petit bois, et forcée d'en canonner la lisière, pendant que l'autre suivait la retraite des détachements ennemis avec quelques obus.

La 9ᵉ compagnie, qui formait l'aile droite du bataillon de fusiliers du 3ᵉ régiment, se tourna aussi contre le bois; elle avait deux pelotons en tirailleurs, le 3ᵉ en colonne serrée, en arrière; elle fut obligée de profiter avec précaution des divers accidents de terrain. L'ennemi évacua néanmoins bientôt la lisière, de sorte que la compagnie y pénétra sans difficultés et y rencontra des tirailleurs de la 3ᵉ brigade. On fit quelques prisonniers; mais les fractions de la compagnie, qui dépassèrent le bord sud du bois, furent ac-

8

cueillies par un feu si violent, qu'elles durent se hâter de regagner le bois.

L'ennemi avait aussi occupé fortement, dans l'intervalle, avec de l'infanterie, le sommet isolé et boisé (425) situé à l'entrée nord d'Alt-Rognitz. Les 9° et 12° compagnies du bataillon de fusiliers du 4° régiment se déployèrent alors en tirailleurs de ce côté de la chaîne située en avant; la 11° compagnie fut tirée de la 2° ligne et poussée à gauche pour prolonger l'aile gauche.

Elle forma une ligne de tirailleurs de deux pelotons, et fit suivre le 3° en colonne serrée pour couvrir l'aile gauche extrême; la 10° compagnie resta en réserve.

Les autres bataillons de la brigade, quand les premiers coups de feu furent tirés, étaient déployés en colonnes de compagnie sur le centre; ils serrèrent les distances, de sorte que les régiments s'arrêtèrent l'un à côté de l'autre; la brigade formait ainsi quatre lignes.

Les compagnies de fusiliers les plus avancées ne purent parvenir à franchir la crête de la chaîne de hauteurs (500). L'ennemi n'évacua sa position, pour se retirer sur quelques escadrons qui se trouvaient plus en arrière, qu'après que la 11° compagnie du 4° régiment eût embrassé son flanc droit, et que la 12° du 3° régiment, suivie des 10° et 11° déployées, eurent balayé le petit bois situé près du chemin creux, qui mène du Hopfenberg à Alt-Rognitz.

Les compagnies de fusiliers qui se trouvaient

ici en première et en deuxième ligne, suivirent l'ennemi immédiatement dans son mouvement. La 11e compagnie du 4e régiment se tourna en grande partie vers Alt-Rognitz, la 10e compagnie fut dirigée vers le sommet boisé qu'elle venait d'enlever.

Le reste de la brigade dépassa la chaîne de hauteurs (500), mais le général dut l'arrêter au pied, parce qu'on approchait de la ligne de combat qui n'avançait que lentement; ces troupes cherchèrent dans les prés qui se trouvaient là, un abri contre le feu de trois batteries ennemies, en position en avant de Neu-Rognitz.

Les batteries de 6 s'étaient mises en batterie sur la chaîne (500), et tiraient sur les troupes ennemies en retraite.

Dans cette situation, le général-major reçut l'ordre du général de division, de rappeler les bataillons de tête, et de prendre position avec la brigade, en couvrant son flanc gauche, des deux côtés de la hauteur 425.

Le général-major C envoya alors son aide de camp aux chefs des bataillons de fusiliers avec les instructions suivantes :

Pour celui du 4e régiment :

> « Le bataillon arrêtera son mouvement en avant et occupera l'entrée nord d'Alt-Rognitz, ainsi que le sommet situé au nord de là. »

Pour celui du 3ᵉ régiment :

> « Le bataillon arrêtera la poursuite et occupera le petit bois, près du chemin creux, qu'il a pris auparavant. »

Ces ordres furent exécutés. Comme l'artillerie ennemie tirait maintenant sur les bataillons de fusiliers, dans leur mouvement en arrière, les compagnies les plus avancées restèrent déployées, pour ne pas lui offrir un but trop favorable ; les 10ᵉ et 11ᵉ compagnies du 3ᵉ régiment doublèrent les distances des pelotons de leurs colonnes.

A 11 heures 10 m, la brigade occupait la position suivante :

4ᵉ régiment : la 11ᵉ compagnie avait occupé l'entrée Nord d'Alt-Rognitz et les premières fermes, et s'était couverte par un demi-peloton poussé en avant dans le village, et en avant de la lisière Ouest ; la 10ᵉ compagnie se trouvait sur le sommet isolé, le reste du bataillon se rassemblait derrière.

3ᵉ régiment : les 10ᵉ et 11ᵉ compagnies se tenaient dans le petit bois à l'Ouest du chemin creux, qui relie Alt-Rognitz au Hopfenberg, la 12ᵉ compagnie était en réserve en arrière. La 9ᵉ compagnie arriva aussi près de celle-ci, mais elle n'avait guère que deux pelotons, parce qu'une partie de ses hommes s'était réunie à la 3ᵉ brigade dans le bois de Kriblitz.

Les autres bataillons des deux régiments étaient des deux côtés du bois situé à l'Est du chemin creux.

Jusqu'ici, dans le cours du combat, la brigade avait manœuvré dans une formation, où les régiments se trouvent l'un à côté de l'autre, formant les ailes, tandis que dans chacun d'eux, les bataillons suivaient l'un derrière l'autre. La 3ᵉ brigade avait encore pris la même formation, dans les derniers moments, quand ses diverses fractions disséminées se rassemblèrent. La formation normale de la brigade consiste à mettre dans chaque ligne les bataillons d'un régiment, de sorte que les régiments sont l'un derrière l'autre; cependant le règlement permet aussi d'employer la formation actuelle. Nous en examinerons plus tard, à une autre occasion, les avantages et les inconvénients dans le combat; pour la marche de la brigade à travers champs, il fallait néanmoins préférer l'autre formation. En tous cas, il est plus facile de conduire deux bataillons marchant de front, que trois; ils peuvent facilement éviter les endroits difficiles, et changer rapidement de direction. Dans la marche en avant par régiment, il se forme naturellement trois colonnes, si ce n'est plus; celle du milieu est tantôt serrée d'un côté, tantôt d'un autre, et chaque colonne se compose de bataillons de régiments différents. Il est admis qu'on marche mieux en trois colonnes qu'en deux : mais cela ne s'applique qu'aux chemins; sur le terrain, on tient d'autant plus facilement la troupe ensemble, qu'elle se meut en moins de colonnes.

Quant la brigade forme aile, chaque colonel maintient ses bataillons en une seule colonne.

Il semble tout aussi nécessaire de laisser les diverses troupes aussi longtemps que possible en ordre de marche; cet ordre permet, en effet, à chaque bataillon de traverser le terrain plus facilement et avec relativement moins d'efforts que la colonne d'attaque. En approchant de l'ennemi, il sera souvent possible, comme ici, de ne déployer que la tête, et de ne déployer les autre bataillons, que si la tête s'engage.

Les généraux de brigade, comme les colonels, ne doivent jamais perdre de vue dans des marches de ce genre, qu'il ne faut en rien déranger l'ordre. Si la nature du terrain l'exige, il vaut mieux s'arrêter un instant pour se remettre. Cela sera principalement nécessaire, quand on aura des bois à traverser, car généralement les fourrés qui s'y trouvent, les coteaux, les éclaircies, le manque de vue extérieure, ne font que disloquer la brigade qui aura à les passer, toute formée.

Dans le cas actuel, le général de brigade avait encore à veiller à ce que les bataillons de tête restassent en communication entre eux, et à ce que les suivants ne perdissent pas leurs distances. Il eut donc raison de faire arrêter le gros de sa brigade, lorsqu'il s'approcha trop près de la première ligne : il était de même convenable, à son point de vue, de faire suivre l'ennemi pas à pas, dans sa retraite, quoique ce mouvement fut modifié par le général de division, pour d'autres motifs.

3. *Le régiment de cavalerie divisionnaire.*

Pendant les mouvements exécutés jusqu'alors, par la division, la mission des hussards consistait dans le service d'éclaireurs, d'ordonnances, et de réquisitions. Quelque économie qu'on mit, dans l'exemple actuel, à se servir de la cavalerie, sa mission n'en est pas moins de nature à l'absorber et à la disséminer, et l'on ne saurait trop recommander, de ne l'employer qu'avec la plus grande prudence.

Quand il fallut porter en avant le régiment, pour reconnaître la marche de l'ennemi, il fallait le faire marcher avec toutes les forces dont il pouvait disposer; car il il pouvait se faire qu'il ne pût remplir sa mission sans un combat. Le colonel n'avait plus en ce moment que 2 1/2 escadrons sous la main. Il en était de même à l'avant-garde, au moment où l'ennemi s'en approcha; le 4ᵉ escadron était réduit de moitié. On se laisse, dans la pratique, trop souvent aller à employer des pelotons et même des escadrons entiers, là où suffiraient de petites patrouilles, et il peut arriver ainsi que sur le champ de bataille, le régiment soit encore plus réduit et plus disséminé que dans le cas qui nous occupe.

Si l'on songe que tous les jours on agit de cette façon avec les 600 chevaux d'un régiment, on ne peut pas compter beaucoup sur son concours, dans le combat.

Son emploi principal doit consister cependant
dans le service d'éclaireurs et de sûreté de la division : dans ce rôle, le colonel peut éviter beaucoup de détails à son général et lui être du plus
grand secours par son initiative et son activité personnelles. Certainement il ne doit pas
mener, sans l'ordre de la division, son régiment
entier dans quelque direction, mais il peut bien
au moyen de petites patrouilles prendre l'initiative, pour éclairer toutes les directions, et relier
les colonnes. Mais pour cela, il faut que le colonel
soit renseigné par son général sur la situation
générale, ce qui ne peut se faire que par une
grande harmonie dans les personnes et les relations.

Si les petites patrouilles sont refoulées par l'ennemi ou forcées de s'arrêter en sa présence, le
reste du régiment devra en général intervenir. Il
appartient donc au général de division, de porter
le régiment, en général, à un point où il peut au
moment voulu en tirer le plus grand avantage.

C'est pour cette raison, que, dans la marche
que la division fit le matin par une seule route, il
avait été adjoint à l'avant-garde. Lorsque le terrain vers l'ennemi s'élargit dans le flanc gauche,
on ne laissa qu'un escadron à l'avant-garde; le
reste fut destiné au détachement du général major B (3e brigade). Mais dès que la 4e brigade
arriva à la gauche de celle-ci, et que les circonstances exigèrent qu'on s'éclairât au loin sur l'aile
gauche, le général de division disposait encore

directement du régiment de hussards, dont un peloton seulement restait encore avec la 3° brigade.

En général, le régiment de cavalerie est sous les ordres directs du divisionnaire; il ne passe sous le commandement d'un détachement particulier, que là seulement où il entre en communication avec lui. Il arrive souvent dans ce cas, que si le régiment doit recevoir tout à coup une autre destination, on va le chercher, sans en informer le commandant du détachement, avec lequel il opère dans le moment. Cela ne doit pas être. Le supérieur, qui donne le nouvel ordre, doit le communiquer au chef du détachement, et si le colonel du régiment ne l'a pas reçu par ce dernier, il est de son devoir de le prévenir de son départ.

Il faut encore remarquer, qu'en éclairant suffisamment le front de l'infanterie, on permet à celle-ci de rester jusqu'au dernier moment en ordre de marche, et on peut même la préserver contre un feu inattendu d'artillerie. Il conviendrait, par conséquent, quand des circonstances forcent, comme ici, à un développement considérable, d'adjoindre un peloton à chaque brigade, pour en éclairer le front, en tant qu'il ne serait pas nécessaire d'y employer tout le régiment. On ne peut se dispenser de donner quelques ordonnances aux généraux de brigade ou aux chefs de détachement. Le seul aide-de-camp de la brigade n'est pas en état de porter à temps tous les ordres et tous les avis; il faut donc l'aider dans cette mission. Les commandants de régiment et même de bataillon peuvent se trouver aussi dans des situations analogues.

4. *L'artillerie divisionnaire.*

L'exposé de la situation nous montre les deux batteries de six agissant dans une action commune, tandis que les deux batteries de 4, au contraire, poursuivent chacune un but particulier.

Un tel mode d'opérer peut être commandé par les circonstances; mais il ne faut l'employer alors, qu'au moment où on y est forcé par la nécessité. On pouvait donc le faire ici, où la division avait un grand développement, et où les deux brigades qui marchaient en première ligne, ainsi que l'avant-garde, avaient des missions indépendantes.

En principe, il faut toujours réunir dans le combat, en première ligne, les batteries, sous le commandement du chef de la division d'artillerie. L'autorité supérieure doit se servir de cette division, autant que cela est possible, comme d'un corps de troupe, et savoir la faire agir dans ce sens. Dans le combat, la division a, la plupart du temps, besoin du feu d'une artillerie concentrée, et même, s'il n'y a de la place que pour des batteries isolées, elles ne doivent pas agir d'après les idées propres et le bon plaisir de leurs chefs.

Le divisionnaire ne doit donc pas laisser aller ainsi son artillerie, mais c'est lui qui doit l'employer et, à cet effet, lui donner les ordres nécessaires ; il en est de même des autres commandants de troupes, qui ont de l'artillerie avec eux.

Il est aussi convenable que le chef de l'artillerie divisionnaire se trouve à l'état-major de la division ; mais cependant, dans le combat, sa place est là, où il a plus d'une batterie en action.

S'il s'agit de combattre l'ennemi en quelque point, il convient, en général, d'y employer toutes les batteries, qui peuvent y être mises en action. Quand l'artillerie ennemi ouvrit le feu contre la 1ʳᵉ battterie de 4, la batterie à cheval n'attendit pas que cette batterie fut parvenue à écraser l'ennemi, mais elle entra aussitôt en ligne. La 2ᵉ batterie de 4 agit aussi plus tard contre le même but.

Si l'infanterie marche en avant, et que quelques buts se présentent pour l'artillerie, celle-ci doit sa porter rapidement en avant, aussi loin que le permet sa sûreté, pour préparer l'attaque le plus longtemps possible, comme le firent les deux batterie de 6 dans les premiers moments de la marche de la 4ᵉ brigade. Les batteries doivent donc déjà marcher aux environs de la 1ʳᵉ ligne. Dès que l'ennemi se retire, l'artillerie doit rejoindre aussitôt le corps de troupes, auquel elle appartient ; dans le cas contraire, elle reste dans sa position aussi longtemps qu'il est nécessaire, à moins qu'elle ne trouve une position plus rapprochée ou plus favorable. C'est de cette manière qu'agirent les deux batteries de 4 et les deux batteries de 6.

Un combat d'artillerie se livrera en général à moins de 2000 pas; néanmoins au début, on peut, en principe, ouvrir le feu à de plus grandes distances.

FIN

FORMATION
de la 2ᵉ Division d'Infanterie

à 9 h. 50 du Matin

Wolta

Hummelhof

Parschnitz

Welhota

TRAUTENAU

Die Aupa

Hohenbruck

Verdy Du Vernois II   C. Muquardt

100 5 5 4 6   500   1000   1500   2000   2500²

Lith. Marci Bruxelles.

EXTRAIT DU CATALOGUE

DE

C. MUQUARDT

HENRY MERZBACH, SUCCESSEUR

ÉDITEUR

LIBRAIRE DE LA COUR ET DE S. A. R. LE COMTE DE FLANDRE

PLACE & RUE ROYALE A BRUXELLES

MÊME MAISON A LEIPZIG

———✦✦———

SEPTEMBRE 1872

Abolition de la peine de mort dans le royaume des Pays-Bas. Rapport des délibérations dans les sections de la seconde Chambre, suivi du mémoire de réponse du gouvernement. Trad. franc. In-8°. Fr. 1 50

Adan (E.), *Capitaine d'état-major, professeur à l'École militaire.* Probabilités du Tir et appréciation des distances à la guerre. In-8°. Fr. 4 »

Adler (Joseph), *de Vienne.* La Diffusion de M. Jules Robert, fabricant de sucre à Seelowitz. Nouveau procédé d'extraction du jus de betteraves. In-8°. Fr. 5 »

Adts (N.), *Capitaine, professeur à l'École de tir.* Canons à grande puissance. Un vol. in-16 av. 1 grande planche 1872.

Allemagne (l') et la Belgique pendant et après la guerre de 1870. Fr. 0 75

Annales de la Société entomologique de la Belgique. In-8° avec planches.

Tomes I à V. Prix de chaque volume. Fr. 5 »
Tomes VI à XIV (1871). Prix de chaque volume. Fr. 12 »

Annales d'oculistique, fondées par le docteur Florent Cunier, continuées par MM. les docteurs Fallot, J. Bosdr, Hairion, Warlomont. 2 volumes ou 12 livraisons par an. In-8°. Prix d'abonnement pour la Belgique. Fr. 18 »

A

Armorial des alliances de la noblesse de Belgique, par le baron ISID. DE STEIN D'ALTENSTEIN. Pet. in-fol.

Dix-sept livraisons ont paru.

Cet *Armorial* est conçu sur un plan tout nouveau.

Il contient le blason complet, officiel, des membres de la noblesse belge et l'écusson de leurs femmes.

Le texte joint à chaque planche donne les renseignements que nous pourrions appeler un état civil sur chaque famille ou chaque branche représentée par le double blason.

L'*Armorial des Alliances nobles* sera l'un des plus beaux livres de salon qui auront jamais été publiés. Les planches, dessinées à la plume sur pierre, par des artistes distingués, sont d'une exécution remarquable, et le coloriage, qui est l'objet de tous nos soins, achève de faire de l'*Armorial* un vrai chef-d'œuvre d'élégance et de splendeur.

L'*Armorial des Alliances de la noblesse de Belgique*, par le baron Isidore de Stein d'Altenstein, se publie par livraisons composées chacune de quatre planches soigneusement coloriées et de quatre feuilles texte, petit in-fol.

Il y a deux catégories de souscripteurs :

1º Le souscripteur qui désire faire figurer son blason dans l'*Armorial*, payera chaque livraison, avec planches coloriées, 3 fr. et en noir, 2 fr. Il s'engage, en outre, à payer une somme de 50 francs contre remise de vingt-cinq exemplaires coloriés de son blason.

2º Le souscripteur qui ne consent pas à prendre vingt-cinq exemplaires de son blason, payera chaque livraison, avec planches coloriées, 4 fr. et en noir, fr. 2 50.

Le prix de l'ouvrage complet, après sa publication, sera considérablement augmenté.

La liste des souscripteurs sera jointe à l'ouvrage.

Aumale (duc d'). Les institutions militaires de la France. Troisième édition. In-16. Fr. 1 »

ÉDITION DE LUXE, gr. in-8º, tirée à 115 exemplaires numérotés à la presse. Fr. 15 »

— Écrits politiques, 1861-1868. In-16. Fr. 2 50

Babut (Jules). Félix Batel ou la Hollande à Java. 2 volumes grand in-8º. Fr. 12 50

Beaulieu (E.), *lieutenant du génie.* — Mémoire sur deux nouveaux systèmes de pont-levis. In-8º avec 2 planch. Fr. 3 »

Berghaus (Dr H.). Die Baudenkmaeler aller Voelker der Erde in getreuen Abbildungen dargestellt und mit Hindeutung auf ihre Entstehung, Bestimmung und geschichtliche Bedeutung. 2 Bände royal-8, mit vielen Holzschnitten und 150 Platten in Tondruck. Elegant gebunden. Fr. 26 »

— Die Voelker dés Erdballs, nach ihrer Abstammung und Verwandschaft, und ihren Eigenthümlichkeiten in Regierungsform, Religion, Sitte und Tracht geschildert. 2 Bände royal-8º mit 150 colorirten Abbildungen in reichem Einbande mit Goldpressung (*Épuisé*). Au lieu de 60 fr. Fr. 37 50

Bernaert (F.), *Major.* Conférences à propos de changements nécessités dans la tactique. In-8º. 1872. Fr. 1 »

— Être ou n'être pas. Armée, indépendance, nationalité. In-16. 1872. Fr. 1 »

Bibliographie de la Belgique ou Catalogue général de l'imprimerie et de la librairie belges, publié par la *librairie C. Muquardt*, 1ʳᵉ à 31ᵐᵉ année (1838 à 1868).

Prix de l'abonnement annuel, port inclus. Fr. 5 »

Les insertions dans les annonces à la fin de chaque numéro coûtent 25 c. la ligne.

Ce recueil est le seul catalogue complet des publications belges; il est indispensable à tous les libraires et bibliophiles qui s'occupent de la littérature belge; il se publie mensuellement et est augmenté, à la fin de chaque année, d'une table alphabétique et systématique.

Bibliothèque militaire. In-16.

1. Être ou n'être pas. Armée, indépendance, nationalité, par le major F. BERNAERT. 1872. Fr. 1 »

2. Canons à grande puissance par le capitaine N. Adts, professeur à l'école de tir, avec une grande planche. 1872.
   Cette collection sera continuée.

Blondiau, *capitaine*. Mines militaires. Règles relatives au renversement des escarpes déduites des expériences exécutées à Charleroi, en 1867 et 1868. 1 v. in-8° avec planches. Fr. 2 »

Boichot, *représentant du peuple à l'Assemblée législative française en* 1849. Souvenirs d'un prisonnier d'État sous le second empire. 1 vol. in-12, 2ᵉ édition. Fr. 2 50

— *La question de demain.* Esquisse d'une nouvelle organisation politique et sociale. In-12. Fr. 1 »

Borain (Jules). Le commerce de coton depuis la pose du câble. Guide des filateurs. In-8°, 1870. Fr. 1 »

Borchgrave (Émile de), *docteur en droit, secrétaire de légation de 1ʳᵉ classe.* HISTOIRE DES COLONIES BELGES qui s'établirent en Allemagne, pendant le XIIᵉ *et le* XIIIᵉ *siècle.* *Ouvrage couronné* par l'Académie royale de Belgique. 1 vol. in-4° avec une carte. Fr. 12 »

— Essai historique sur les colonies belges qui s'établirent en Hongrie et en Transylvanie pendant les XIᵉ, XIIᵉ et XIIIᵉ siècles. Ouvrage couronné par l'Académie royale de Belgique. In-4°. 1871. Fr. 6 »

— Histoire des Rapports de droit public qui existèrent entre les provinces belges et l'empire d'Allemagne depuis le démembrement de la monarchie carlovingienne jusqu'à l'incorporation de la Belgique à la République française; ouvrage couronné par l'Académie de Belgique. 1 vol. in-8°. Fr. 15 »

Borgnet (Jules), *archiviste de l'État à Namur.* Cartulaire de la commune de Bouvignes, recueilli et annoté. 2 vol. in-4°. Au lieu de 10 fr. *Prix réduit.* Fr. 8 »

— Cartulaire de la commune de Fosses. In-8° avec chromol.
Fr. 5   »

Bormann, *général*. Nouvel obus pour bouches à feu rayées. Gr. in-8° avec 1 pl.   Fr. 2   »

Bormans. Le Roman de Cléomadès, publié par Van Hasselt. In-8°.   Fr. 5   »

Bossuet (F.). *Peintre, Professeur à l'Académie royale des Beaux-Arts* de Bruxelles. Traité de perspective linéaire. 2 vol. in-8° avec un atlas in-folio 1871.   Fr. 30   »

Brahy. Exercices méthodiques de calcul différentiel. In-8°.
Fr. 5   »

Bralion (E.-N.), *major du génie*. Étude sur les mines militaires. Les Fougasses pierriers — bouches à feu creusées en terre, in-16 avec 8 planches. 1872.   Fr. 3 50

Brialmont (A.), *colonel d'état-major*. Considérations sur la réorganisation de l'armée. Justification du quadrilatère. Le volontarisme jugé au point de vue belge. Projet de réorganisation de la garde civique. Réponse aux critiques In-8°.
Fr. 1   »

— Études sur l'organisation des armées et particulièrement de l'armée belge. In-8°.   Fr. 5   »

— Études sur la défense des Etats et sur la fortification, 3 vol. gr. in-8° et atlas in-folio.   Fr. 150   »
    L'ouvrage est épuisé.

— La Belgique doit armer, in-8°. (*Anonyme.*)   Fr. 0 50

— *La guerre de Schleswig* envisagée au point de vue belge. — Anvers et la nouvelle artillerie, — par un officier d'état-major. 1 vol. in-8° avec carte. (*Anonyme.*)   Fr. 2   »

— *Réflexions d'un soldat sur les dangers qui menacent la Belgique.* Réponse à M. Dechamps, suivie de quelques considérations sur le système de défense de l'Italie, 3e éd. in-8°.   Fr. 0 75

— *Réorganisation* du système militaire de la Belgique, in-8° avec 1 carte in-fol. (*Anonyme.*)   Fr. 1 50

— Du service obligatoire en Belgique. (*Anonyme.*) In-8°.
Fr. 0 75

— Le service obligatoire en Belgique. (*Anonyme.*) In-8°.
Fr. 0 75

— Réponse aux adversaires du service obligatoire en Belgique. (*Anonyme.*) In-8?.   Fr. 1   »

— *Traité de fortification polygonale.* 2 gros vol. grand in-8° et atlas in-folio.   Fr. 45   »

— La fortification polygonale et les nouvelles fortifications d'Anvers. Réponse aux critiques de MM. Prévost et Cosseron de Villenoisy, in-8°.   Fr. 1   »

— La fortification à fossés secs, 2 vol. gr. in-8° avec un atlas grand in-folio.   Fr. 45   »

— La fortification improvisée, in-16° avec 9 planches. 2° édit. revue et augmentée. 1872. Fr. 3 50

— Utilité de la citadelle du Nord. In-8°. Fr. 1 »

— Vérité sur la situation militaire de la Belgique en 1871. In-8°, par un colonel de l'armée. (*Anonyme*). 1871. Fr. 1 »

Briancourt. Lettre à mon frère sur mes croyances religieuses et sociales. In-8°. Fr. 3 50

Bruck (R.), *major du génie*. Étude sur la physique du globe. Phénomènes atmosphériques faisant suite à l'origine des étoiles filantes. 1 vol. in-8°. Fr. 3 »

— L'origine des étoiles filantes par l'auteur du Magnétisme du globe, grand in-8° avec 5 planches. Fr. 5 »

Buch (das) **der Ritterorden und Ehrenzeichen.** Geschichte, Beschreibung und Abbildungen der Insignien aller Ritterorden, Militair-und Civil-Erhenzeichen, Medaillen u. s w. Nebst einer Auswahl vorzüglicher Costüme. 2te bis 1855 fortgeführte Ausgabe. Ein prachtvoller, sehr starker Band in Roy. 8. mit circa 1000 sehr sauber colorirten Holzschnitten, elegant gebunden. Au lieu de 60 fr. *Prix réduit* à Fr. 32 »

— Pracht-Ausgabe in Gold und Silber ausgeführt. Au lieu de 100 fr. *Prix réduit* à Fr. 60 »

Bulletin des Commissions Royales d'Art et d'Archéologie, 1e à 11e années (1862-1872), in-8° avec planches. Prix de chaque volume pour la Belgique. Fr. 8 »
L'ouvrage se continue sous les auspices du gouvernement.

Burger (W.). Musée d'Anvers, in-18. Fr. 2 »

Campagne de Metz, par un général prussien. 2e édit. Gr. in-8° avec 1 carte. 1871. Fr. 1 50

Carte des Chemins de fer de la Belgique et des pays limitrophes, accompagnée d'un tableau des stations, etc., publiée par *J. Vossen, ingén.-géographe.* Color. 1872. Fr. 5 »

Carte des environs de Metz, à 1/80,000, reportée sur pierre de la carte d'état-major de France. Fr. 1 50

Carte de Belgique indiquant toutes les voies de communication, dressée au Dépôt de la Guerre. 1,160.000; 4 feuilles grand in-folio. Fr. 11 »

Carte du champ de bataille de Waterloo, photolithographiée au dépôt de la guerre. Fr. 3 »

Carte des Pays-Bas, de la Belgique, du Luxembourg, de la France septentrionale et de l'Allemagne occidentale, à l'usage des administrations publiques, touristes, agents de commerce, bureaux, instituts, etc.; dressée d'après les documents officiels à l'échelle de 1/40,000, sous la direction de l'inspecteur

aux chemins de fer de l'État néerlandais, par NUNNINK.
6 feuilles gr. in-folio.	Fr. 12 »
  Collée sur toile en feuilles dans un carton.	Fr. 22 »
  Sur rouleau, toile.	Fr. 24 »

Carte topographique des environs du camp de Beverloo, gravée au Dépôt de la Guerre. 1/20.000 ; 20 feuilles avec 3 feuilles d'assemblage. Grand in-folio.	Fr. 55 »

Carte topographique de Belgique, à 1/40,000, en 72 feuilles, à 6 fr. 50 c. la feuille.

Cartes autographiées des environs d'Anvers, à 4/20,000, (4 feuilles), à 2 fr. la feuille.

Cartes photo-lithographiées de la carte de Belgique, à 1/20,000, à 2 fr. 75 c. la feuille.

Catlin (G.). Die Indianer Nord–Amerika's und die während eines achtjährigen Aufenthalts unter den wildesten ihrer Stämme erlebten Abenteuer. Nach der fünften englischen Ausgabe deutsch bearbeitet von prof. Dr HEINRICH BERGHAUS, 2te deutsche Ausgabe (Catlin, les Indiens de l'Amérique septentrionale).

Ein Band in Royal 8. mit 24 sauber nach der Natur ausgemalten Platten in reichem Mosaikbande.	Fr. 17 »

Dasselbe Werk, mit Abbildungen in Tondruck, ebenfalls reich gebunden.	Fr. 11 25

Chartres (duc de). Champs de bataille du Rhin, in-16.
	Fr. 3 »

Chatelain (le chevalier de). Fleurs de Bord du Rhin. In-8°.
	Fr. 5 »

— La Folle du Logis. In-8°.	Fr. 5 »

Chesney (Ch.), *lieutenant-colonel*. Waterloo. Étude de la campagne de 1815. Conférences. In-8° avec une carte. Fr. 7 50

Cléder (Édouard). Notice sur l'Académie italienne des Intronati, in-18.	Fr. 3 »
  Cette notice a été tirée à 200 exemplaires numérotés à la presse, dont
  180 sur papier vergé ;
  20	id.	de Hollande.

Coffinières de Nordeck (Général). Capitulation de Metz. 2e édit. in-8°. 1871.	Fr. 1 50

Collection de chroniques belges inédites, *publiée par ordre du Gouvernement.*

Prix réduit de la collection, vol. 1 à 33.	Fr. 500 »
	Chaque volume se vend séparément au prix indiqué.

Publication
№

1. *Rymkronyk van Jan van Heelu*, uitgegeven met ophelderingen en aenteekeningen van J.-J. WILLEMS, avec planches.	Fr. 20 »

2. *Chronique rimée de Ph. Mouskes*, publiée par le baron DE REIFFENBERG. Tome I, avec 4 planches.   Fr. 18 »

3. *Corpus chronicorum Flandriæ*, edidit J.-J. DE SMEDT, cath. S. Bavonis can. Tome I.   Fr. 16 »

4. *Chronique de Ph. Mouskes.* Tome II (voir N° 2 de la collection).   Fr. 18 »
   Supplément.   Fr. 2 75

5. *Brabantsche yeesten of rymchronyk*, door JAN DE KLERK van Antwerpen, uitgegeven door J.-F. WILLEMS. Tome I, avec planches.   Fr. 14 »

6. *Corpus chronicor. Flandriæ.* Tome II (voir N° 3 de la collection).   Fr. 20 »

7. *Brabantsche yeesten.* Tome II (voir N° 5 de la collection) avec fac-simile.   Fr. 18 »

8. *Joh. De Los.* Abbatis S. Laurentii prope Leodium chronicum rerum gestarum ab anno MCCCCLV ad annum MDXIV. Accedunt HENR. DE MERICA et THEOD. PAULI historiæ de cladibus Leodiensium , etc. Publié aussi sous le titre *Documents relatifs aux troubles du pays de Liége sous les princes-évêques Louis de Bourbon et Jean Hornes*, publiés par le chanoine P.-T.-A. DE RAM. Figg.   Fr. 20 »

9. *Monuments pour servir à l'histoire des provinces de Namur, de Hainaut et de Luxembourg*, recueillis et publiés pour la première fois par le baron DE REIFFENBERG. Tome 1er, Chartes de Namur et de Hainaut.   Fr. 20 »

10. — Tome IV. Le Chevalier au Cygne et Godefroid de Bouillon, poëme historique avec de nouvelles recherches sur les légendes qui ont rapport à la Belgique, un travail et des documents sur les Croisades.   Fr. 16 »

11. *Relation des troubles de Gand sous Charles V*, suivie de 330 documents inédits sur cet événement, publiée par M. GACHARD, avec fig.   Fr. 18 »

12. *Monuments pour servir à l'histoire des provinces de Namur*, etc. (voir N° 9 de la collection). Tome VII, Gilles de Chin, poëme. — Diverses chroniques monastiques.   Fr. 20 »

13. *Monuments pour servir à l'histoire des provinces de Namur*, etc. Tome V. Le Chevalier au Cygne, etc., suite (voir N° 10 de la collection).   Fr. 20 »

14. — Tome VIII. Autres chroniques monastiques.   Fr. 20 »

15. — Tome VI, 1re partie. Le Chevalier au Cygne, fin (voir Nos 10 et 13 de la collection) publiée par M. BORGNET.   Fr. 20 »

16. *Chronique des ducs de Brabant*, par EDMOND DE DYNTER, en 6 livres, publiée d'après le MS. de Corsendonck, avec des notes et l'ancienne traduction française de Jehan Wauquelin, par P.-T.-X. DE RAM, recteur magnifique de l'Université catholique de Louvain. Tome I, comprenant les livres 1 à 3.   Fr. 20 »

17. — Tome II, comprenant les livres 4 et 5.   Fr. 20 »

18. *Corpus chronicor. Flandriæ.* Tome III (voir N°s 3 et 6 de la collection). Fr. 20 »

19. *Chronique des ducs de Brabant.* Tome III, comprenant le livre 6 (voir N°s 16 et 17 de la collection). Fr. 20 »

20. *Monuments pour servir à l'histoire des provinces de Namur*, etc. Tome VI, 2e partie. Le Chevalier au Cygne, glossaire par E. GACHET. Fr. 20 »

21. *Chronique des ducs de Brabant*, par EDMOND DE DYNTER. Tome I, 1re partie, comprenant l'introduction, les opuscules de De Dynter et la table analytique des matières. (*Voyez* N° 16.) Fr. 16 »

22. *Les XIV livres sur l'histoire de la ville de Louvain, du docteur et professeur en théologie Jean Molanus*, publiés par P.-T.-X. DE RAM. 1re partie, comprenant la notice biographique et les dix prem. livres de l'ouvrage. Fr. 20 »

23. — 2e partie, comprenant les quatre derniers livres, les appendices de l'éditeur et la table analytique des matières. Fr. 20 »

24. *Chronique de Jean Stavelot*, publ. par A. BORGNET. Fr. 20 »

25. *Ly Myreür des Histors, chronique de Jean des Preis dit d'Outremeuse*, publiée par A. BORGNET. Tome I. Fr. 16 50

26. *Corpus chronicorum Flandriæ* sub auspiciis Leopoldi primi, Serenissimi Belgarum regis, edidit J.-J. DE SMET. T. IV (*Voyez* N° 6). Fr. 20 »

27. *Ly Myreür des Histors, chronique de Jean des Preis*, publiée par A. BORGNET. Tome V. (*Voyez* n° 25.) Fr. 20 »

28. *Monuments pour servir à l'histoire des provinces de Namur*, etc. Tome II, 1re partie, Cartulaire de l'abbaye de Cambron, par J.-J. DE SMET. Fr. 20 »

29. *Les Gestes des ducs de Brabant*, chron. en vers thyois du xve siècle, 7e Livre, publié par S. H. BORMANS. Tome III. (*Voyez* n° 5 à 7.) Fr. 20 »

30. *Ly Myreur des Histors*, chron. de Jean des Preis, publiée par A. BORGNET. Tome II. (*Voyez* n°s 25 et 27.) Fr. 20 »

31. *Monuments pour servir à l'histoire des provinces de Namur* Tome II, 2e partie, cons. 6. Cartulaire de Cambron. Fr. 20 »

32. *Cartulaire de l'abbaye de Saint-Trond.* Tome I, par PIOT. Fr. 20 »

33. *Chroniques* relatives à l'histoire de la Belgique sous la domination des ducs de Bourgogne, textes latins. Chroniques des religieux des Dunes, Jean Branton, Gilles de Roy et Adrien de But, publ. par KERVYN DE LETTENHOVE. Fr. 20 »

Collection de Mémoires relatifs à l'Histoire de Belgique, publiée par la *Société de l'Histoire de Belgique.*

PUBLICATIONS DE LA SOCIÉTÉ JUSQU'AU 1er SEPTEMBRE 1872.

1re SÉRIE. — XVIe SIÈCLE.

Numéros.		Pour les souscript. FR. C.	Pour les non souscr FR. C.
1.	*Mémoires de Fery de Guyon,* publiés par M. DE ROBAULX DE SOUMOY.	3 50	4 25
2.	*Mémoires de Viglius et d'Hopperus,* publiés par M. ALPH. WAUTERS.	6 »	7 50
3, 7 et 12.	*Mémoires anonymes sur les troubles des Pays-Bas,* tomes I, II et III, publiés par M. J.-B. BLAES.	19 50	24 25
20 et 24.	— tomes IV et V, publiés par M. ALEX. HENNE.	13 »	16 »
4 et 21.	*Mémoires de Pasquier de le Barre et de Nicolas Soldoyer,* tomes I et II, publiés par M. ALEX. PINCHART.	13 »	16 »
5.	*Mémoires de Jacques de Wesenbeke,* publiés par M. CH. RAHLENBECK.	6 75	8 25
6.	*Mémoires de Frédéric Perrenot, sieur de Champagney,* publiés par M. DE ROBAULX DE SOUMOY.	8 »	10 »
8 et 17.	*Les commentaires de don Bernardino de Mendoça,* l'un des lieutenants du duc d'Albe, tomes I et II, avec une notice historique et des notes de M. le colonel GUILLAUME, auteur de l'*Histoire des Gardes Wallonnes.*	15 25	18 25
9.	*Mémoires de Philippe Warny de Visenpierre* sur le siège de Tournay en 1581, publiés par M. A. G. CHOTIN.	1 »	1 25
10 et 11.	*Mémoires de Pontus Payen,* avocat d'Arras (*De la guerre civile aux Pays-Bas, etc.*), tomes I et II, publiés par M. ALEX. HENNE, auteur de l'*Histoire de Charles Quint.*	10 50	13 25
13 et 16.	*Mémoires de Francisco de Enzinas* (Dryander), tomes I et II, publiés par M. CH.-AL. CAMPAN.	19 50	26 »
15.	*Mémoires de Montigny,* annotés par feu J.-B. BLAES.	2 »	2 50
19.	*Histoire des Troubles advenues à Valenciennes,* par P.-J. Leboucq, publiée par M. DE ROBAULX DE SOUMOY.	3 25	4 »

22. *Mémoires sur les Troubles de Gand,* 1577-1579, publiés par M. KERVYN DE VOLKAERSBEKE. 5 50 6 60

23. *Les subtils moyens par le Cardinal Grandvelle* avec ses complices inventé pour instituer l'inquisition, publiés avec une introduction et des notes, par M. CH. RAHLENBECK. 1 25 1 50

31, 35 et 38. *Mémoires de Martin Antoine del Rio* sur les troubles des Pays-Bas durant l'administration de don Juan d'Autriche 1576-1578. Texte latin inédit avec traduction française, notice et annotations, tomes I, II et III. 23 » 26 »

2ᵉ SÉRIE. — XVIIᵉ SIÈCLE.

25 *Mémoires sur le siège de Berghe-op-Zoom* en 1622, publiés par M. C.-A. CAMPAN. 8 » 10 »

26 *Abrégé historique sur le règne d'Albert et d'Isabelle,* avec introduction et des notes, par M. AD. CAMPAN. 3 » 4 »

27. *Troubles de Bruxelles de 1619, justification apologétique de l'advocat Rombaut Van Uden,* avec une introduction et des notes, par M. L. GALESLOOT. 4 50 5 50

28 et 29. *Histoire générale des guerres de Savoie, de Bohême, du Palatinat et des Pays-Bas,* par le seigneur DU CORNET, *gentilhomme belgeois,* tomes I et II, avec une introduction et des notes, par M. DE ROBAULX DE SOUMOY, membre du conseil héraldique, etc. 18 » 20 »

30. *Relations des Campagnes de 1644 et 1646,* par JEAN ANTOINE VINCART, secrétaire des avis secrets de guerre. Texte espagnol tiré des archives du royaume avec la traduction en regard, introductions et notes par PAUL HENRARD. 12 » 14 »

32. *Considérations d'Estat sur le traicté de la paix avec les sérénissimes archiducs d'Austriche.* Manuscrit de 1607. Avec introduction et des notes, par CH. RAHLENBECK. 3 50 4 »

33. *Henri IV et la princesse de Condé,* 1609-1610. Précis historique, suivi de la correspondance diplomatique de Pecquins et d'autres documents inédits, par PAUL HENRARD. 9 » 10 »

34. *Histoire de l'archiduc Albert*, gouver-
neur général, puis prince souverain
de la Belgique, par M. DE MONTPLEIN-
CHAMP, annotée par DE ROBAULX DE
SOUMOY. 13 » 14 50

37. *Procès de Martin-Étienne van Velden*,
professeur à l'Université de Louvain,
publié avec une introduction et des
notes par ARMAND STEVART. 4 50 5 »

3ᵉ SÉRIE. — XVIIIᵉ SIÈCLE.

14 et 18. *Procès d'Anneessens*, doyen de la nation
de Saint-Nicolas, à Bruxelles, 1719,
tomes I et II, publiés par M. L. GA-
LESLOOT, chef de section aux Archives du royaume. 11 » 15 25

36. *Chronique des événements* les plus remarquables, arrivés à Bruxelles de
1770-71, publié par L. GALESLOOT. 8 » 9 »

Compte rendu des séances de la commission royale d'histoire ou recueil de ses bulletins.
1ʳᵉ série 1837-1849 avec table gén. : 17 vol. in-8º. Fr. 123 50
2ᵉ série 1850-1859 : 12 vol. in-8º et table. Fr. 78 »
3ᵉ série 1860-1871. Tome I à XIII. Prix du vol. in-8º. Fr. 6 50

Conférences militaires belges.

1ʳᵉ SÉRIE. — 12 Nᵒˢ IN-16. (1870-71.)

Numéros.		Pour les souscript. FR. C.	Pour les non souscr. FR. C.
1.	PONTUS (capit.). Tactique de l'infanterie.	0 80	1 »
2.	DE FORMANOIR (capit.). Les chemins de fer en temps de guerre, 2ᵉ édit., avec grav.	1 25	1 50
3 et 4.	BRIALMONT (colonel). La Fortification improvisée, avec 9 planches. 2ᵉ édit. revue et augmentée. 1872.		3 50
5.	WUILLOT, L., (médecin de bataillon). Éléments d'hygiène et premiers soins à donner en cas d'accidents.	0 80	1 »
6.	WAUWERMANS (capit.). Les machines infernales dans la guerre de campagne, avec planches. (Épuisé)	1 25	1 50
7.	GIRARD (cap.). Construction et emploi des défenses accessoires, avec planc.	1 25	1 50

8.   VAN DEN BOGAERT (capit.). La télégra-
       phie électrique de campagne, avec
       9 planches. (Épuisé, en réimpression). 1 25   1 50

9 et 10. NICAISE (capit.). L'artillerie de cam-
       pagne belge, avec 9 planches.   2 50   3 50

11.   DE RUYDTS. Les ponts militaires,
       avec planches.   1 50   1 75

12.   Emploi de l'artillerie rayée en cam-
       pagne.   0 80   1 »

2ᵉ SÉRIE. — 12 Nᵒˢ IN-16 (1872-73).

1.   DAUDENART (major). La guerre sous ma-
       rine. Les torpédos, in-16 avec 2 planches
       (1872).   1 50   2 50

2 et 3. MONNIER (C.). major. La guerre des bois,
       in-16 avec 3 planches (1872).   3 »   3 50

4 et 5. DE FORMANOIR (capit. d'ét.-maj.). Étude
       sur la tactique de la cavalerie, in-16
       avec 21 gravures (1872).   3 »   3 50

6.   FISCHER. Étude sur l'emploi des corps de
       cavalerie au service de sûreté des armées,
       in-16 avec gravure (1872).   1 »   1 »

7.   PETRE (capit.). Kriegsspiel (Jeu de la
       guerre). Guide des opérations tactiques
       exécutées sur la carte, in-16 avec 2 plan-
       ches (1872).   1 »   1 25

Les numéros 8 à 12 sont en préparation.

Cortet (Eugène). Essai sur les fêtes religieuses et les tra-
    ditions populaires qui s'y rattachent. 1 vol. in-12. Fr. 3 »

Crousse. Luttes de l'Autriche en 1866. Voyez : *Luttes*.

Cuendias (Emanuel von). SPANIEN UND DIE SPANIER, ihre
    Sitten, Trachten, Volkssagen Legenden und Kunstdenkmä-
    ler, 2. Ausgabe (Cuendias, l'Espagne). Ein prachtvoller Band
    Royal 8. mit sehr vielen Holzschnitten im Text, 24 Platten
    in Tondruck und 24 Aquarellen.
In reich vergoldetem Einbande.   Fr. 18 75
Dasselbe Werk, mit sehr schön in Tondruck ausgeführten
    Abbildungen, reich gebunden.   Fr. 14 »

Custine (Marquis A. de). Lettres à Varnhagen d'Ense et
    Rahel Varnhagen d'Ense, accompagnées de plusieurs let-
    tres de la comtesse Delphine de Custine et de Rahel Varn-
    hagen d'Ense. In-12. 1871.   Fr. 5 »

Daudenart, *major*. La guerre sous marine. Les torpédos,
    in-16 avec 2 planches. 1872.   Fr. 2 50

Dautzenberg (J.-M.). *Vlaemsche gedichten*. Un volume in-8°.
                                                  Fr. 2 »

— Verspreden en nagelatine Gedichten. Un volume in-8°.
Fr. 5 »

De Bruyne (l'abbé H.). Archéologie religieuse appliquée à nos monuments. Tome I, in-8°.   Fr. 7 »

De Cort (Frans). Zingzang. In-8°.   Fr. 5 »

De Formanoir (capit.). Les chemins de fer en temps de guerre, avec gravures, in-16. 2ᵉ édition. 1872.   Fr. 1 50

— Étude sur la tactique de la cavalerie, in-16 avec 21 gravures 1872.   Fr. 3 50

De Haulleville. De l'Enseignement primaire en Belgique. 1 vol. in-8°. 1870.   Fr. 5 »

De Kerchove de Denterghem (comte). De la responsabilité des ministres dans le droit public belge. (Mémoire couronné). Gr. in-8°.   Fr. 4 »

Delsaulx (le P.), *de la compagnie de Jésus, professeur de physique mathématique* au collége de la Paix à Namur. RÉSUMÉS DE PHYSIQUE MATHÉMATIQUE.

Premier résumé : CAPILLARITÉ. In-8°, avec figures dans le texte.   Fr. 2 »

Déuxième résumé : OPTIQUE GÉOMÉTRIQUE. In-8°, avec figures dans le texte.   Fr. 4 »

Troisième résumé : OPTIQUE PHYSIQUE. In-8°, avec figures dans le texte.   Fr. 7 50

Delstanche fils, *docteur*. L'oreille et les soins qu'elle réclame à l'état de santé et de maladie. Traduit de l'allemand du Dr Hagen. In-12, avec planches.   Fr. 2 »

De Meester de Ravestein (E.). Musée de Ravestein. Catalogue descriptif. T. I, gr. in-8° avec grav. 1871.
Fr. 20 »

De Puydt, *président de la Société des sciences du Hainaut.* Les plantes de serre. 2 vol. in-12.   Fr. 6 »

De Ruydts. Les ponts militaires, in-16, avec planches.
Fr. 1 50

Des Pilliers (Raph.). Les Bénédictins de la Congrégation de France. Mémoires du Rév. P. Des Villiers. 2 vol. in-8°.
Fr. 10 »

Documents iconographiques et typographiques de la Bibliothèque royale de Belgique. Fac-simile photolithographiques, avec texte historique et explicatif par MM. les Conservateurs et Employés de la Bibliothèque royale, publié sous la direction et avec le concours de M. le Conservateur en chef. (Avec autorisation de M. le Ministre de l'intérieur).

Première série. — Les Bois.

Impérial-folio, imprimé à 200 exempl. (190 sur vélin et 10 sur papier de Hollande.)

La première série contiendra 6 livraisons, au prix de 12 fr. sur papier vélin, et 24 fr. sur papier de Hollande.

Ire livraison. *Spirituale Pomerium,* par M. L. ALVIN, conservateur en chef. 6 feuilles de texte et 6 planches in-folio.

IIe   »   *Gravure criblée;* Impressions négatives, par HYMANS, sous-chef de section. 6 feuilles de texte et 3 planches.

III°   »   *La Vierge de* 1418, par M. Ch. RUELENS, conservateur adjoint. 12 feuilles de texte et 3 planches.

IVe   »   *Vue de Louvain,* par M. J. PETIT, sous-chef de section. 6 feuilles de texte et 18 planches.

Cette publication aura trois séries :

Première série. — Les Bois ou gravures en taille d'épargne, en 6 livraisons.

Deuxième série. — La Gravure en creux ou au burin, en 6 livraisons.

Troisième série. — Les Documents typographiques, en 6 livraisons.

Dognée (M. Eugène M.-O.). LES SYMBOLES ANTIQUES. L'œuf, in-8°, avec 1 planche et vignettes dans le texte. Fr. 1 50

D'Omalius, *voir* OMALIUS D'HALLOY.

D'Orléans, *voir* ORLÉANS, Rob.

Dubois (Ch.-F.), *membre honoraire de plusieurs Sociétés savantes.* Catalogue systématique des oiseaux de l'Europe. Brochure in-8°.   Fr. 1 50

— et Alph. **Dubois** fils, *Docteur en sciences nat., conservateur au Musée royal d'histoire nat., etc.* Planches coloriées des oiseaux de la Belgique et de leurs œufs, dédié à S. M. Léopold Ier, roi des Belges, in-8°. Livraisons 1 à 141. Prix de la livraison.   Fr. 1 75

— — Planches coloriées des oiseaux de l'Europe, suite aux planches coloriées des oiseaux de la Belgique et de leurs œufs, dédié à S. M. Léopold Ier, roi des Belges, in-8°. Livraisons 142 à 251 (fin). Prix de la livraison.   Fr. 1 75

— — Les oiseaux de l'Europe et leurs œufs, espèces non observées en Belgique, décrites et dessinées d'après nature, 2 vol. in-8° avec 317 planches color. 1872.   Fr. 192 »

— — Les Lépidoptères de la Belgique, leurs chenilles et leurs chrysalides, avec planches color. In-8°. Livraisons 1 à 49. Prix de la livraison. Fr. 1 75

Dubois (Alp. fils). *Docteur en sciences naturelles, conservateur au Musée royal d'hist. nat.*, etc. ARCHIVES COSMOLOGIQUES. Revue des sciences naturelles avec leurs applications à la médecine, à l'agriculture, aux arts et à l'industrie, rédigée par M. A. DUBOIS, *docteur en sciences naturelles, membre honoraire et effectif de plusieurs sociétés belges et étrangères.* In-8°, avec planches coloriées et noires. Fr. 18 »

— Conspectus systematicus et geographicus avium europaearum. Gr. in-8°. 1872. Fr. 3 »

Du Bus (le vicomte Bernard), *directeur du Musée royal d'Histoire naturelle.* ESQUISSES ORNITHOLOGIQUES, description et figures d'oiseaux nouveaux ou peu connus. Grand in-4°, avec gravures coloriées. Livraisons 1 à 3. Prix de la livraison. Fr. 12 »

Ducpétiaux. EXPOSÉ de la situation des écoles de réforme de Ruysselede, de Wynghene et de Beernem, 1849-1858, 1 vol. in-4° avec 8 planches lithographiées. Fr. 7 »

— MISSION DE L'ÉTAT, ses règles et ses limites, in-8°. Fr. 3 50

Du Graty (Alfred), *ministre du Paraguay à Berlin.* LA CONFÉDÉRATION ARGENTINE. In-8° avec un grand nombre d'illustrations, de cartes, plans, portraits, etc., 2° édition, reliée. *Prix réduit.* Fr. 8 »

—. LA RÉPUBLIQUE DU PARAGUAY. 2° édition, grand in-8° orn. d'un grand nombre de magnifiques grav., cartes et plans Au lieu de 20 francs. *Prix réduit.* Fr. 12 »

Dupont (E.). Notices préliminaires sur les fouilles dans les cavernes de la vallée de la Lesse. 2 vol. in-8°. Fr. 13 »

— L'Homme pendant les âges de la pierre, dans les environs de Dinant-sur-Meuse, 1 vol. gr. in-8° avec 41 grav., 4 planch. et 1 tableau synoptique. Fr. 88 »

Du Service obligatoire en Belgique, par un colonel de l'armée (Brialmont). In-8°. Fr. 0 75

Ellis (Mlle HENRIETTE). Le livre de la Tenderie. 1 vol. in-folio oblong. 20 planches gravées. Cartonné. Fr. 12 50

Emploi de l'artillerie rayée en campagne. In-16. Fr. 1 »

Euler (Charles), *directeur d'un établissement gymnastique et orthopédique.* Manuel de la gymnastique élémentaire accompagné de 97 figures in-8°. Fr. 2 »

— Gymnastische Oefeningen in woord en beeld, in-8°. Fr. 2 »

— De la gymnastique pédagogique en Belgique, in-8°. Fr. 1 »

Fay (Ch.), *lieut.-colonel d'état-major.* Journal d'un officier de l'armée du Rhin, 4° édit., avec carte. In-8°. 1871. Fr. 5 »

Fisch, *lieutenant répétiteur à l'École militaire.* Manœuvres et tactique de l'infanterie prussienne, d'après les ouvrages du colonel von Kessel et du major J. Campe, de l'infanterie prussienne. In-8° avec 3 gr. planchés. Fr. 2 50

Fischer. Étude sur l'emploi des corps de cavalerie au service de sûreté des armées, in-16 avec grav. 1872. Fr. 1 »

France (la), **la Pologne** et le prince Napoléon Bonaparte. In-16. Fr. 1 50

Gachard (M.), *Archiviste général du royaume, membre de l'Académie royale de Belgique, etc.*

— Actes des États généraux des Pays-Bas, 1576-1585. Notice chronologique et analytique.

    T. Ier, 6 septembre 1576 au 14 août 1578, in-8°. Fr. 8 »

    T. II, 15 août 1578 au 30 décembre 1580, in-8°. Fr. 8 »

— Analectes historiques. renfermant 313 documents inédits, des années 1385 à 1795; séries : I à XVII ou 5 vol. in-8°, *tirés à 50 exemplaires numérotés.* 1857-1871. Fr. 90 »

— Archives farnésiennes a Naples, in-8°. Fr. 2 »

— Belgique (la) sous Philippe V. (Extrait du *Recueil des ordonnances des Pays-Bas autrichiens.*) In-folio. Fr. 10 »

— Bibliothèque (la) des princes Corsini a Rome, in-8°. Fr. 2 50

— Captivité de François Ier (la) et le traité de Madrid. Étude historique. In-8°. Fr. 2 50

— Correspondance de Guillaume le Taciturne, prince d'Orange, publiée pour la première fois; suivie de pièces inédites sur l'assassinat de ce prince et sur les récompenses accordées par Philippe II à la famille de Balthazar Gérard. 6 volumes grand in-8°. Fr. 58 »

— Correspondance de Philippe II sur les affaires des Pays-Bas, publiée d'après les originaux conservés dans les archives royales de Simancas; précédée d'une notice historique et descriptive de ce célèbre dépôt, et d'un rapport à M. le ministre de l'intérieur. Grand in-4°, tomes I à IV avec portrait. Prix du volume : Fr. 16 »

— Correspondance de Charles V et d'Adrien VI, publiée pour la première fois. 1 fort vol. in-8°. Fr. 7 50

— Correspondance de Marguerite d'Autriche, duchesse de Parme, avec Philippe II. Tome I et II (14 août 1559-16 novembre 1561). Deux forts volumes. in-4° sur papier de Holl., avec une lettre fac-simile de Philippe II. Prix du volume. Fr. 15 »

— Don Carlos et Philippe II. 2 vol. gr. in-8°, avec un portrait. Fr. 12 »

— Inventaire des papiers laissés par le card. de Granvelle à Madrid en 1586. — Inventaire des archives trouvées au palais de Granvelle à Besançon en 1607. — Histoire d'un procès célèbre à propos de ce dernier inventaire. In-8°. Fr. 3 »

— Lettres inédites de Maximilien, duc d'Autriche, roi des Romains et empereur, sur les affaires des Pays-Bas. 1478-1508. 2 vol. in-8°. Fr. 7 50

— Lettres écrites par les souverains des Pays-Bas aux états de ces provinces, depuis Philippe II (1559-1794). *Tiré à 100 exemplaires.* 1 vol. in-8°. Fr. 5 »

— Marguerite d'Autriche, duchesse de Parme, régente et gouvernante des Pays-Bas. 2 vol. in-8°. Fr. 15 »

— Rapport au Ministre de l'intérieur sur l'administration des archives générales du royaume depuis 1831 et sur la situation de cet établissement. In-8°. Fr. 10 »

— Recueil des ordonnances des Pays-Bas autrichiens, 3e série, 1700-1794 : 1er volume, contenant les ordonnances du 18 novembre 1700 au 23 juin 1706. Un fort volume in-folio. Fr. 32 »

— Retraite et mort de Charles V au monastère de Yuste. Lettres inédites, publiées d'après les origin. conservés dans les arch. royales de Simancas, 3 v. in-8°. Fr. 18 »

— Les Seigneuries et les Seigneurs en Brabant au XVIIIe siècle. In-8°. 1872. Fr. 2 50

— Sur Jeanne la folle et les Documents concernant cette princesse qui ont été publiés récemment. In-8°. (*Réfutation de Bergenroth.*) Fr. 1 50

— Trois années de l'histoire de Charles-Quint (1543-1546), d'après les dépêches de l'ambassadeur vénitien Bernardo Navagero. In-8°. Fr. 3 50

— Une visite aux archives et à la Bibliothèque royale de Munich. Grand in-8°.
Sur papier ordinaire. Fr. 2 50
Sur papier vélin. Fr. 3 »
On n'a tiré que 50 exemplaires de chaque édition.

Galesloot (Louis). Troubles de Bruxelles de 1693 et 1699. L'avocat Van der Meulen et les doyens des métiers traduits devant le conseil de Brabant. Mémoire historique avec 1 planche. In-8°. Fr. 5 »

Gerber (L.-E.), *ingénieur civil.* Emploi de la marée comme force motrice. — Notice sur un moteur à marée (système breveté). In-8° avec deux grandes planches. Fr. 2 »

Girard, *capitaine du génie.* Études sur les formations et les manœuvres de l'infanterie à propos de la révision des règlements belges. Gr. in-8°. Fr. 2 »

— Construction et emploi des défenses accessoires, in-16 avec planches. Fr. 1 50

Graudgagnage. Histoire du péage de l'Escaut depuis les temps les plus anciens jusqu'à nos jours. In-8° avec 2 cartes et 2 plans in-folio. Fr. 5 »

B

Gratry (Aug.). *Major*. Essai sur les ponts mobiles militaires. In-8°.   Fr. 7 50
— Du pain, des différentes modes et systèmes employés pour sa fabrication, in-8° avec 2 planches. 1872.   Fr. 3 »
Greiner (A.). De l'état actuel de la fabrication de canons de gros calibre. In-8° avec planches. 1871.   Fr. 1 50
Gruau de la Barre (le comte). La branche aînée des Bourbons devant la justice (veuve et enfants du duc de Normandie, Louis XVII). In-8° avec portrait. 1871.Fr. 8 »
Guerre (la) franco-allemande de 1870-71 sous le roi Guillaume, par un officier d'état-major prussien. Traduit de l'allemand par L. DE DIESKAU, capit. et G.-A. PRIM, lieut., 1re partie, in-8° avec 3 annexes et 4 cartes. 1872. Fr. 6 »
La deuxième partie est sous presse.
Guillaume (général). Quatre régiments wallons au service du roi des Deux-Siciles, in-8°.   Fr. 1 50
Guizot. HISTOIRE DE LA RÉVOLUTION D'ANGLETERRE depuis l'avènement de Charles Ier jusqu'à sa mort, précédée d'un discours sur l'histoire de la révolution d'Angleterre. 2 vol. format Charpentier.   Fr. 4 »
Haus (J.-J.), professeur à l'Université de Gand. La peine de mort, son passé, son présent, son avenir. In-8°.   Fr. 3 50
Hendrickx (H.). AVANT — PENDANT — APRÈS (souvenir des bains d'Ostende), aquarelles d'après nature, en plusieurs teintes, 3 pl. in-folio avec couverture illustrée.   Fr. 6 »
Chaque planche se vend séparément à   Fr. 2 »
Henrard (Paul), *capitaine d'artillerie*. HISTOIRE DE L'ARTILLERIE EN BELGIQUE, depuis son origine jusqu'au règne d'Albert et d'Isabelle. Édition ornée de 30 gravures sur bois. Grand in-8° de 201 pages.   · Fr. 5 »
— Campagne de Charles le Téméraire. In-8°.   Fr. 2 »
Herzen (Alex.), *rédacteur de la Cloche* (Iskander). NOUVELLE PHASE DE LA LITTÉRATURE RUSSE. In-8°.   Fr. 1 50
Hesse (M.-A.), *membre du Conseil général de la Somme*. L'administration provinciale et communale en France et en Europe 1785-1870. Grand in-8°. 1871.   Fr. 7 50
Heuschling (Xavier), *chef de division au Ministère de l'intérieur, secrétaire de la Commission centrale de statistique, etc.* LA NOBLESSE ARTISTE ET LETTRÉE. Tableau historique. Petit in-8°.   Fr. 5 »
Hildebrand (Bruno), *docteur*. Principes de statistique administrative enseignés à l'Université de Jena. Traduction de l'allemand sur des cahiers du professeur et résumés par X. Heuschling. 1 vol. gr. 8° 1872 (Extrait du t. XII du bulletin de la commission centrale de statistique).   Fr. 2 50
Hugo (Vor). LES BURGRAVES, trilogie. 1 vol. in-18.   Fr. 1 »
Hymans (Louis). Histoire politique et parlementaire de la Belgique de 1814-1830. Tome Ier. (La fondation du royaume des Pays-Bas). In-8°.   Fr. 7 50

Jane (Paul). L'année sanglante 1870-1871. In-8° 1872.
Fr. 2 »

Joinville (prince de). Encore un mot sur Sadowa. Une brochure in-16.
Fr. 1 »

Journal de l'armée belge, recueil d'art, d'histoire et de sciences militaires, paraissant une fois par mois; chaque numéro se compose d'un cahier de quatre ou cinq feuilles in-8°, accompagné de cartes et de plans. Prix de l'abonnement annuel pour la Belgique.
Fr. 12 »

Juste (Théodore), *membre de l'Académie.* M. de Bismarck et Napoléon III, à propos des provinces belges et rhénanes. In-8°. 1871.
Fr. 1 »

— CHARLES-QUINT ET MARGUERITE D'AUTRICHE; étude sur la minorité, l'émancipation et l'avénement de Charles-Quint à l'empire (1477-1521). In-8°.
Fr. 3 »

— HISTOIRE DE LA RÉVOLUTION DES PAYS-BAS sous Philippe II. Tomes I et II à 2 vol.
Fr. 30 »

— Le comte d'EGMONT et le comte de HORNES (1522-1568), d'après des documents authentiques et inédits. 1 volume in-8°.
Fr. 7 50

— GESCHICHTE der Gründung der constitutionnellen Monarchie in Belgien durch den National Congress, nach amtlichen Quellen.
2 Bde gr. in-8°. Herabgesetzter Preis.
Fr. 2 50

— Les musées archéologiques d'Allemagne, 2 rapports. In-8°.
Fr. 2 50

— Charles de Lennoy, vice-roi de Naples. In-8°.
Fr. 1 »

— **Les fondateurs de la monarchie belge.**

Tome I. — JOSEPH LEBEAU, d'après des documents inédits. 2e édition in-8°.
Fr. 5 »

Tome II. — SURLET DE CHOKIER, régent de la Belgique, d'après ses papiers et d'autres documents inédits (1769-1839). In-8°.
Fr. 5 »

Tome III. — Le comte LE HON, ancien ministre plénipotentiaire (1831-1842) de Belgique à Paris, etc., etc., d'après des documents inédits. In-8°.
Fr. 7 50

Tome IV. — CHARLES DE BROUCKERE, bourgmestre de Bruxelles, etc. (1796-1860). In-8°.
Fr. 4 »

Tomes V et VI. — LÉOPOLD Ier, Roi des Belges, d'après des documents inédits :
Première partie (1790-1832). In-8°.
Fr. 5 »
Deuxième partie (1832-1865). In-8°.
Fr. 7 »

Tome VII. — LE COMTE DE MUELENAERE, ministre d'État, d'après des documents inédits (1794-1862), 1 vol. in-8°.
Fr. 2 »

Tome VIII. LE LIEUT. GÉNÉRAL COMTE GOBLET D'ALVIELLA, ministre d'État, d'après des documents inédits (1790-1869), 1 vol. in-8°.   Fr. 4 »

Tome IX. LE BARON DE GERLACHE, ancien président du Congrès national, etc., 1 vol. in-8°.   Fr. 2 50

Tome X et XI. SYLVAIN VAN DE WEYER, ancien membre du gouvernement provisoire, ancien ministre plénipotentiaire de Belgique, à Londres, etc., d'après des documents inédits. 2 vol. in-8°.   Fr. 12 »

Tome XII. Notes historiques et biographiques sur les fondateurs de l'État belge (1830-1870), d'après des documents inédits. In-8°. 1871.   Fr. 4 »

Chaque ouvrage se vend séparément.

Kempeneers (L'abbé A.). De l'Orientation symbolique des églises chrétiennes. In-8°.   Fr. 3 »

King (A.-W.) ORFÉVRERIE ET OUVRAGES EN MÉTAL DU MOYEN AGE, représentés en plans, coupes et élévations, mesurés et dessinés d'après les anciens modèles. 2 forts vol. gr. in-f°, contenant 200 planches gravées sur cuivre. Prix de chaque volume.   Fr. 100 »

Labarre (Louis). Antoine Wiertz, étude biographique avec les lettres de l'artiste et la photographie du Patrocle. Deuxième édition, in-8°.   Fr. 5 »

Lagrange (J.-E.), feu le colonel du génie, *ancien professeur de fortification à l'École militaire, à Bruxelles*. Essai historique sur les mines militaires anciennes et modernes. In-8°.
                                                      Fr. 7 50

Lahure (capit.) La cavalerie et son armement depuis la guerre de 1870. In-16. 1871.   Fr. 1 »

Lebon (Léon). INSTRUCTION DU PEUPLE. Histoire de l'enseignement populaire, 2e édition avec gravures. 1 fort volume in-8°.   Fr. 6 »

— INSTRUCTION DU PEUPLE. Répertoire historique, analytique et raisonné de l'enseignement populaire en Belgique, 2 vol. in-8°.   Fr. 10 »

— La paix sociale ou continuation de la guerre à l'ignorance. In-12 avec gravures.   Fr. 1 25

Le Boulengé (capit.). Chronographie Le Boulengé, in-8° avec 4 planches.   Fr. 3 50

Lefèvre (E.), *rédacteur en chef de la Tribune de Mexico*. Documents officiels recueillis dans la secrétairerie privée de Maximilien. Histoire de l'intervention française au Mexique. Ouvrage publié par ordre du président Juarez. 2 vol. grand in-8°.   Fr. 12 »

Lefèbvre (Al.), *lieut.* Du rôle et de l'emploi de la cavalerie aux différentes époques. In-16. 1872.   Fr. 1 »

Le Hardy de Beaulieu (Ch.), *professeur à Mons*. L'éducation de la femme. 2e édit. In-8°.   Fr. 2 »

— La propriété et sa rente dans leurs rapports avec l'économie politique et le droit public. 2ᵉ édition. In-8º.　Fr. 3　»

— Du mode de concession des mines le plus conforme à l'intérêt public. In-8º.　Fr. 0 75

Le Hon (H.). DARWINISME ou théorie de l'apparition et de l'évolution des espèces animales et végétales. Traduit de l'italien du professeur Omboni. In-8º.　Fr. 1　»

— INFLUENCE DES LOIS COSMIQUES sur la climatologie et la géologie. Complément rectificatif de l'ouvrage intitulé : *Périodicité des grands déluges.* In-8º avec figures. Fr. 2　»

— L'ASTRONOMIE, LA MÉTÉOROLOGIE ET LA GÉOLOGIE mises à la portée de tous. 6ᵉ édition, revue, corrigée et augmentée. Un vol. in-12. 80 gravures. 1870.　Fr. 5　»

— L'HOMME FOSSILE en Europe, son industrie, ses mœurs, ses œuvres d'art aux temps antédiluviens et préhistoriques. Grande période glaciaire — âge du grand ours et du mammouth — l'homme des cavernes — âge du renne — inondations diluviennes — âge de la pierre polie, du bronze, du fer — cités lacustres — Darwinisme. Un beau vol. in-8º, avec 100 gravures, 2ᵉ édit., corrigée et considérablement augmentée.　Fr. 7 50

— HISTOIRE COMPLÈTE DE LA GRANDE ÉRUPTION DU VÉSUVE de 1631, avec la carte, au 1/25,000, de toutes les laves de ce volcan, depuis le seizième siècle jusqu'aujourd'hui. In-8º.　Fr. 4 50

— CARTE TOPOGRAPHIQUE des Laves du Vésuve à l'échelle de 1/25000, 1631-1861, avec la coupe géologique du rivage napolitain, papier de Chine, in-plano.　Fr. 6　»

Lemonnier(Camille). Nos flamands. 1 vol. gr. in-8º. Croquis d'automne.　Fr. 5　»

— SEDAN. In-8º. 1871.　Fr. 2 50

Leurs (lieut.). Notice descriptive de la selle à lames mobiles. In-8º avec 3 planches.　Fr. 2 50

— Projet d'une selle de troupe à lames mobiles par un officier d'artillerie. In-8º avec 3 planches.　Fr. 1 50

— Notice sur une selle de troupe à lames mobiles divisées. In-8º avec planches.　Fr. 1 50

Levittoux (Henri). Philosophie de la Nature. Édit. originale française, publiée d'après la 3ᵉ édit. polonaise. In-8º, 2ᵉ édit. 1872.　Fr. 10　»

Loiseau, *capitaine* (Officier de l'ordre de la Guadeloupe). Notes militaires sur le Mexique en 1864-1867, gr. in-8º, ouvrage orné de dessins, cartes et plans. 1872.　Fr. 7 50

Lubliner (L.), *avocat à la Cour d'appel de Bruxelles.* Concordance entre le CODE CIVIL DU ROYAUME DE POLOGNE promulgué en l'année 1825 et le CODE CIVIL FRANÇAIS, relativement à l'état de personnes, suivie d'observations sur le droit international privé. Un vol. in-8º.　Fr. 5　»

Lubcké. Lettres sur la Monographie des assurances sur la vie et la Compagnie française d'assurances générales. In-8º.　Fr. 0 50

Luttes de l'Autriche en 1866 (les), rédigé d'après les documents officiels par l'état-major autrichien (section historique), traduit de l'allemand, annoté et publié avec approbation de S. Exc. le ministre de la guerre de l'empire, par Franz Crousse, capitaine au corps d'état-major belge. Tomes I à III, avec portraits, cartes et tableaux. gr. in-8°. Fr. 24 50

Majewski (N.), *général-major*. Mémoire sur les expériences faites à l'établissement de M. Krupp, à Essen, au mois de novembre 1867, pour déterminer les pressions du gaz de la poudre dans l'âme des bouches à feu, etc., avec appendice. In-8° avec 2 planches. 1870. Fr. 1 »

Mailly, *docteur ès-sciences*. L'Espagne scientifique, In-12. Fr. 2 »

— Les institutions scientifiques de la Grande-Bretagne. In-8°. Fr. 6 »

Marchal, *capitaine*. Abrégé des guerres de Louis XIV. Avec notice historique. 1872. In-8° avec 13 gr, pl. Fr. 8 »

Marcq (Léon). Essai sur l'histoire de la médecine belge contemporaine. Mémoire couronné. In-4°. Fr. 5 »

Mathieu (C.). Flore générale de la Belgique. Deux vol. gr. in-8° avec supp. Au lieu de 16 fr. Fr. 8 »

Mémoires de la Société royale des sciences de Liége. Iʳᵉ série, tomes I à XX. 1843 à 1866. In-8°, avec planches. Fr. 223 »

IIᵉ série, tomes I et II. Fr. 16

Merten (Oscar), *professeur de poésie latine à l'Athénée royal de Gand*. De la génération des systèmes philosophiques sur l'homme. In-8°. Fr. 7 50

— Étude critique sur Maine de Biran. In-8°. Fr. 3 »

Merzbach (Henryk). Antoni Malczeski. Obraz dramatyczny. (Antoine Malczeski, drame). In-8°. Fr. 3 75

— Glos Tulacza. In-32° (Neapol). (La voix d'un exilé. Naples.) *Épuisé*. Fr. 1 »

— Lutnia. In-12°. (La Lyre, poésies polonaises.) Fr. 3 »

— Trzy Matki. In-12 (Les trois mères, poème). *Épuisé*. Fr. 2 »

— Z Wiosny (Du printemps, poésies polonaises). In-16. Fr. 4 »

— Z Wiosny, 2ᵉ édition avec musique. In-16. Fr. 4 »
Relié, doré sur tranche. Fr. 5 »

Mexique. *Quatre lettres au maréchal Bazaine*. 1 vol. in-16. Fr. 2 »

Monnier (C.), *major*. La guerre des bois, in-16 avec 3 pl. 1872. Fr. 3 50

Montefiore-Levi (G.), *ingénieur civil*, et **C. Kunzel,** *docteur en sciences*. Essais sur l'emploi de divers alliages et spécialement du bronze phosphoreux pour la coulée des bouches à feu. In-4° avec planches. 1871. Fr. 8 »

Moreau (J.). Leçons de perspective linéaire. 1 vol. in-4° avec atlas in-folio.   Fr. 6 »

Moselli (Alph.), *capitaine au 10ᵉ régiment de ligne, ancien détaché à l'École militaire de Belgique*. L'École militaire de Belgique, avec annotations sur les écoles militaires de France, de Hollande et d'Italie. 2ᵉ édit. In-8°.   Fr. 2 50

Müller (Dʳ Wolfgang.) DAS RHEINBUCH, Landschaft, Geschichte, Sage, Volksleben. Ein prachtvoll ausgestatteter Band in Royal 8, mit Holzschnitten im Text, 17 Platten in Tondruck und 8 Aquarellen in reich vergoldetem englischen Einbande.   Fr. 18 75

Munchhausen. Histoire et aventures de l'illustre chevalier baron de Munchhausen. Traduit de l'allemand de BURGER, illustrée par HENDRICKX.

Un vol. in-8° avec un gr. nombre de gr. sur bois.   Fr. 2 »

Le même ouvr. en reliure anglaise dorée sur tr.   Fr. 3 »

Mystères (les) de la Russie, tableau politique et moral de l'empire russe. — Histoire. — Biographie. — Statistique. — Politique. — Législation. — Administration. — Religion. — Armée. — Marine. — Instruction publique. — Industrie. — Finances. — Commerce. — Agriculture. — Mœurs publiques et privées; 6 vol. in-18.   Fr. 6 »

Napoléon III et la politique secrète du second empire. (Extrait des Mémoires secrets). In-8°.   Fr. 1 50

Napoléon Bonaparte (prince Pierre). Hypothèse d'une campagne Outre-Rhin. Etude militaire par le prince Pierre-Napoléon Bonaparte. — L'armée belge. — Anvers. — Analyse des plus récents débats sur l'organisation militaire à la Chambre des représentants. 1 gros vol. in-4° 1870 (publié 1872).   Fr. 15 »

Nicaise, *capitaine d'artillerie.* Batteries cuirassées; notice sur les expériences faites en Angleterre en 1868. In-8° avec 4 planches.   Fr. 3 50

— L'artillerie de campagne belge, in-16 avec planches. 1871.   Fr. 3 50

Oberrhein (der), von Frankfurt bis Constanz. KUNSTDENKMALE UND LANDSCHAFT. Malerische Ansichten nach der Natur gezeichnet und in farben lithographirt von FRANZ STROOBANT, mit einem beschreibenden. Texte von L. SCHÜCKING. Ein Band in Fol. mit 24 Ansichten in Aquarellmanier, in halb Maroquin mit Goldpressung gebunden. Fr. 70 »

In Prachtband in gothischem Style, türkisch maroquin.   Fr. 95 »

Omalius d'Halloy (d'). Précis élémentaire de géologie. 8ᵉ édition. 1 vol. in-8° de VIII et 636 pages, avec 157 gravures et 3 planches color.   Fr. 10 »

— Des Races humaines ou éléments d'ethnographie. In-8° avec planc., 5ᵉ édit.   Fr. 3 50

Omboni, professeur. Darwinisme ou théorie de l'apparition et de l'évolution des espèces animales et végétales. Traduit de l'italien avec les prolégomènes par H. Le Hon. In-8°.
Fr. 1 »

Orléans (Robert d'). Une visite à quelques champs de bataille de la vallée du Rhin. In-12.
Fr. 3 »

Paris-Berlin. 5ᵉ édit. In-8°. 1871.
Fr. 0 75

Petre, *capitaine.* Kriegsspiel (Jeu de la guerre). Guide des opérations tactiques exécutées sur la carte, in-16 avec 2 planches. 1872.
Fr. 1 25

Pinchart (Alexandre), *chef de section aux archives générales du royaume.* Histoire de la gravure des médailles en Belgique. In-4°. 1870.
Fr. 8 »

Piron (F.-P.-J.), *capitaine à l'État-major du génie.* Escarpes en terre (les) et les revêtements en maçonnerie, in-8° avec 1 planche.
Fr. 2 »

— Essai de fortification improvisée ou suite à la *Fortification éclectique,* in-8° avec 4 planches.
Fr. 6 »

— Essai sur la défense des eaux et sur la construction des barrages. 1 vol. in-8° avec 4 planches.
Fr. 6 »

— Essai sur l'emploi du fer dans la fortification, les défenses accessoires et les mines, in-8° et 3 planches.
Fr. 4 »

— Études sur les batteries casematées et sur une nouvelle bouche à feu, in-8° et 2 planches.
Fr. 2 »

— Études sur les canonnières cuirassées, leur puissance, leur rôle et sur les moyens de les combattre, in-12 et 3 planches.
Fr. 3 »

— Manuel théorique du mineur; nouvelle théorie des mines. In-8° avec planches.
Fr. 12 «

— Mémoire sur un pont roulant simplifié pour les communications militaires, in-8° et 1 planche.
Fr. 1 50

— Pont tombant à crochets pour les communications militaires, in-8° avec 1 planche.
Fr. 1 25

— Projets de coupoles tournantes de batteries cuirassées locomobiles et d'un dispositif d'artillerie pour les tours en fer, in-8° et 2 planches.
Fr. 3 »

— Projet de pont glissant pour les communications militaires, in-8° et une grande planche.
Fr. 1 50

— Projet de pont roulant sur rouleaux, avec rampe articulée, in-8° et 1 planche.
Fr. 1 50

— Projets de ponts mobiles militaires pour les sorties à large section des grandes places de guerre, comprenant, avec six planches gravées, une notice sur les ponts en général, deux projets de ponts roulants, deux projets de ponts sautants et un projet de pont-levis, in-8°.
Fr. 4 »

— Projet d'hôpital militaire, in-8° et 3 planches.   Fr. 4 »

— Systèmes (les) de fortification discutés et comparés, in-8° avec 2 planches.   Fr. 3 »

— Le bombardement et la fortification moderne, in-8° avec 7 gr. planches. 1872.   Fr. 8 »

Plan géométrique, parcellaire et de nivellement de lé ville d'Anvers et des communes limitrophes; dressé et gravs à l'échelle de 1/5000 par A. SCHEEPERS, conducteur de travaux communaux, et publié sous les auspices de l'admi‑ nistration communale. Gr. imp. in-folio.   Fr. 13 a

Pontus (Ch.), capit. Tactique de l'infanterie. In-12 avec gravures.   Fr. 1 »

Poplimont. La Dynastie belge. In-8°.   Fr. 1 50

Pouillet, *professeur à l'Université de Louvain.* Histoire du droit pénal dans l'ancien duché de Brabant. Mémoire couronné par l'Académie royale. In-4°.   Fr. 5 »

— Histoire de la Joyeuse Entrée de Brabant et de ses origines. Mémoire sur l'ancienne institution brabançonne. Mémoire couronné. In-4°.   Fr. 7 »

Pourquoi le service obligatoire en Belgique? Réponse à un colonel de l'armée. In-8°.   Fr. 0 50

Proost, *docteur en philosophie.* Recherches sur la législation des jugements de Dieu, principalement en Belgique et accessoirement dans les principaux pays de l'Europe. In-8°.   Fr. 3 »

Quetelet (A.). Météorologie de la Belgique comparée à celle du globe. Grand in-8° avec un grand nombre de gravures.   Fr. 10 »

— Sciences mathématiques et physiques au commencement du XIXᵉ siècle. In-8°.   Fr. 12 »

— Physique sociale ou essai sur le développement des facultés de l'homme. 2 vol. In-8° avec gravures et tableaux. (Le 1ᵉʳ volume est épuisé). Prix du 2ᵉ vol.   Fr. 10 »

— Anthropométrie ou mesure des différentes facultés de l'homme, 1 v. in-8° avec grav. et planches. 1871. Fr. 12 »

— Histoire des sciences mathématiques et physiques chez les Belges. Nouvelle édition. In-8°. 1870.   Fr. 6 »

— Notice sur sir John F. W. Herschel, brochure in-12. 1872.   Fr. 0 75

Rahlenbeck (Charles). Considérations d'Estat sur le traicté de la paix avec les sérénissimes archiducs d'Austriche. Manuscrit de 1607 avec une introduction et des notes. In-8°.   Fr. 4 »

Ravelin. Lettres sur le camp retranché d'Anvers, le Bas-Escaut et la défense nationale. Réponse à M. MANGONNEAU. In-8°.   Fr. 1 50

Ravestein. Musée de Ravestein. Voyez **De Mester de Ravestein.**

Reiffenberg (le baron de). APOLOGUES. 1 vol. petit in-8°, au lieu de 2 fr. Fr. 1 »

— Fables nouvelles, petit in-8°. Fr. 1 »

— Souvenirs d'un pélerinage en l'honneur de SCHILLER. 1 vol. grand in-8°, au lieu de fr. 7 Fr. 1 50

— Souvenirs (Nouveaux) d'Allemagne. Pèlerinage à Munich. 2 vol. petit in-8°, au lieu de fr. 7 Fr. 1 50

Renard (Général-Lieutenant), *Adjutant S. M. des Königs der Belgier, Chef des K. Belgischen Generalstabes*. BETRACHTUNGEN ÜBER DIE TAKTIK DER INFANTERIE. Ubersetzt von einem Deutschen Officier. Deutsche vom Verfasser autorisirte Ausgabe. In-8°, mit vielen Holzschnitten im Text. Fr. 3 75

Renard (B.). *Capitaine d'État-major*. LA MARINE CUIRASSÉE en 1865. Description des navires cuirassés. Efficacité de ces nouveaux engins de guerre. La cuirasse et l'artillerie. Emploi de l'électricité à bord des bâtiments. Le tir convergent. Les canons de la marine avec planches et gravures sur bois. In-8°. Fr. 3 »

Réponse aux adversaires du service obligatoire en Belgique, par un Colonel de l'armée. In-8°. Fr. 1 »

Reuter, *lieutenant*. Reconnaissances et dialogues militaires à l'usage des officiers et sous-officiers de toutes armes, en campagne ou Vade-mecum indispensable de l'officier en campagne, en français, flamand et allemand (l'allemand en lettres françaises). 1 vol, in-16. 1872. Fr. 2 »

Revue de Belgique, paraissant le 15 de chaque mois. Prix d'abonnement pour la Belgique. Fr. 12 »

Rhein (der), Kunstdenkmale und Landschaft; malerische Ansichten nach der Natur gezeichnet und in Farben lithographirt von FOURMOIS, LAUTERS und STROOBANT mit einem beschreibenden Texte von L. SCHÜCKING. Ein Band in-folio mit 30 Ansichten in Aquarell-Manier, in halb Maroquin mit Goldpressung gebunden. Fr. 75 »

Dasselbe in Prachtband, gothischen Styles in türkischem Maroquin. Fr. 100 »

Jede Ansicht kostet einzeln : Fr. 2 »

Rhin (le) monumental et pittoresque. Cologne à Mayence. Aquarelles d'après nature, lithographiées en plusieurs teintes par MM. FOURMOIS, LAUTERS et STROOBANT, texte par M. L. HYMANS, *membre de la Chambre des représentants*. Publié sous le *patronage de S. A. R. madame la princesse de Prusse*. 1 volume grand in-folio contenant 30 planches à l'aquarelle.

Reliure demi-maroquin, plaque dorée. Fr. 100 »

Rel. de luxe, style moyen âge, maroq. du Levant. Fr. 150 »

— Le même ouvrage, deuxième édition, format petit in-folio.
1 vol. de 30 planches à l'aquarelle.

Reliure demi-maroquin, plaque dorée.   Fr. 75 »

Reliure de luxe, style moyen âge, en maroquin du
Levant.   Fr. 100 »

Table des planches :

Châsse des trois mages dans la cathé drale de Cologne.	Remagen.
Église des Apôtres à Cologne.	Andernach (porte de Coblentz).
L'hôtel de ville à Cologne.	Andernach (vieille tour).
Godesberg.	Vieilles mais. sur la Moselle à Coblentz.
L'Université et la porte de Coblentz à Bonn.	L'ancien entrepôt à Coblentz.
	Oberlahnstein.
Marksburg.	Stolzenfels.
Boppard.	La Pfalz.
Sternberg et Liebenstein.	Bacharach.
L'église à Saint-Goar.	Maison à Lorch.
Saint-Goar et Rheinfels.	Rheinstein.
Lurlei.	La tour des Souris et Ehrenfels.
Ober-Wesel.	Bingen.
L'église Notre-Dame à Ober-Wesel.	Ellfeld.
Gutenfels.	La cathédrale de Mayence.
	Le cloître dans la cathédrale de Mayence.

Chaque planche se vend séparément au prix de 2 fr..

Rhin (le). Monumental et pittoresque. Francfort à Constance.
Aquarelles d'après nature lithographiées en plusieurs teintes
par F. STROOBANT, avec un texte descriptif par M. L. HYMANS.
Publié sous le patronage de *S. A. R. madame la grande-du-
chesse de Bade.* 1 vol. grand in-folio, contenant 24 planches à
l'aquarelle. (*Suite de l'ouvrage précédent.*)

Reliure demi-maroquin, plaque dorée.   Fr. 90 »

Rel. de luxe, style moyen âge, maroq. du Levant.   Fr. 135 »

Le même ouvrage , format petit in-folio. Reliure demi-
maroquin.   Fr. 70 »

Rel. de luxe, style moyen âge, maroq. du Levant.   Fr. 95 »

Chaque planche se vend séparément au prix de 2 fr.

Table des planches :

Le quai du Mein à Francfort.	La salle des chevaliers dans le vieux château de Baden.
Le dôme à Francfort.	
Le porche de la cathédrale de Worms.	Le château d'Eberstein près Baden.
L'abside de la cathédrale de Worms.	L'abbaye d'Allerheiligen.
La cathédrale de Spire.	L'abside de la cathédrale de Strasbourg.
Heidelberg.	Vue de Fribourg.
Le pont du Neckar à Heidelberg.	Intérieur de la cathédrale de Fribourg.
Entrée du château de Heidelberg.	Le Val d'Enfer.
La tour fendue à Heidelberg.	La cathédrale à Bâle.
La chapelle du château de Heidelberg.	Le cloître de la cathédrale à Bâle.
La façade du palais d'Othon III à Hei- delberg.	Vue prise à Schaffhouse.
	La chute du Rhin à Schaffhouse.
Entrée du vieux château à Baden.	Le quai du Lac à Constance.

La même édition a été publiée avec texte allemand (Voyez *Oberrhein*).

Rimmel (Eug.) Le livre des parfums, préface d'Alphonse Karr. Illustration de A. de Neuville, Chéret, Duhousset etc. Un volume gr. in-8° sur papier chine, 432 pages, 418 gravures sur bois, 12 planches chromolithographiques, élégante reliure anglaise tranches dorées. 1871. Fr. 10 »

— Édition de luxe, in-4°.   Fr. 20 »

Romberg (H.), *major d'artillerie*. Etudes sur les fusées. Première partie : Fusée à double effet à force centrifuge pour projectiles creux emplombés, etc. Br. gr. in-8° avec 2 gr. pl.   Fr. 2 50

— Études sur les fusées. Deuxième partie. Suite à la brochure précédente. Gr. in-8° avec planches.   Fr. 2 50

— Étude sur les fusées, 3ᵉ partie. Transformation de fusées à temps en fusées à double effet. Gr. in-8° av. pl.   Fr. 2 50

— Recherches théoriques et pratiques sur les fusées pour projectiles creux. Description des fusées à double effet. Gr. in-8° avec planches. 1871.   Fr. 12 »

— Appendice aux Recherches sur les fusées : Fusées prussiennes. Modifications proposées. In-8° avec pl. 1871.
Fr. 2 »

Rousseau (O.). *Lieutenant du génie*. Mémoire sur un pont roulant pour les communications militaires. In-8°. Fr. 2 »

Rubens (P.-P.). L'ŒUVRE DE PIERRE-PAUL RUBENS, gravé au burin par les anciens maîtres flamands et reproduit par la photographie, réuni et publié *sous le patronage de S. M. le roi des Belges*, par C. MUQUARDT, éditeur. Estampes photographiées par MM. H. LEBA et RADOUX et accompagnées d'un texte explicatif par M. É. FÉTIS. (*Épuisé*).

1ᵉʳ volume : LA BIBLE, ANCIEN ET NOUVEAU TESTAMENT.

Un magnifique vol. gr. in-folio avec phot.   Fr. 200 »
Rel. élégante et demi-maroq. à plaques dorées.   Fr. 212 »

Table des planches :

Numéros.
1. Chute des Anges rebelles, gravé par Lucas Vorsterman.
2. Job tourmenté par sa femme et les diables, gravé par le même.
3. Le Serpent d'Airain, gravé par S. Bolswert.
4. Jugement de Salomon, gravé par B. Bolswert.
5. Daniel dans la Fosse aux Lions, gravé par W. De Leeuw.
6. Élie, gravé par C. Lauwers.
7. Mariage de la Vierge, gravé par S. Bolswert.
8. Annonciation, gravé par le même.

Numéros.
9. Visitation, gravé par P. De Jode, junior.
10. Nativité, gravé par L. Vorsterman.
11. Autre composition du même sujet, gravé par S. Bolswert.
12. Adoration des Rois, gravé par Nic. Ryckmans.
13. Autre composition du même sujet, gravé par S. Bolswert.
14. Autre composition du même sujet, gravé par N. Lauwers.
15. Autre composition du même sujet, gravé (en deux feuilles) par Lucas Vorsterman.

Chaque planche se vend séparément au prix de 5 fr.

2ᵉ volume : ALLÉGORIES SACRÉES, vierges, saints et martyrs.

Un magnifique vol. gr. in-f°, avec 40 photogr.   Fr. 200   »

Rel. élégante en demi-maroquin à plaques dorées. (*Épuisé*).
Fr. 212   »

Table des planches :

23. Saint Pierre recevant les clefs du Paradis, gravé par P. de Jode.
24. Martyre de saint André, gravé par Al. Voet, jun.
25. Martyre de saint Liévin, gravé par C. Van Caukerken.
26. Martyre de saint Thomas, gravé par J. Neefs.
27. Martyre de saint Laurent, gravé par L. Vorsterman.
28. La communion de saint François d'Assise, gravé par H. Snyers.
29. Saint Ambroise et Théodose le Grand, gravé par J. Schmuzer.
30. Saint Roch guérissant les pestiférés, gravé par P. Pontius.
31. Conversion de saint Bavon, gravé par F. Pilsen.

32. Saint François-Xavier, apôtre de Indes, gravé par Marinus.
33. Saint Ildefonse recevant une chasuble de la Sainte Vierge, gravé par H. Wildoeck.
34. Saint Ignace de Loyola guérissant des possédés, gravé par Marinus.
35. Saint Juste, décollé, gravé par J. Wildoeck.
36. Sainte Anne avec la jeune Vierge, gravé par S. Bolswert.
37. Sainte Catherine, couronnée, gravé par P. de Jode.
38. Sainte Cécile, gravé par S. Bolswert.
39. Sainte Thérèse, gravé par le même.
40. Sainte Barbe, gravé par le même.

Chaque planche se vend séparément au prix de 5 fr.

Rubens (P.-P.). PAYSAGES ET CHASSES dessinés par F. FOURMOIS et J. VAN SEVERDONCK, texte par E. FÉTIS. Un magnifique volume in-folio, renfermant 36 planches sur papier de Chine, plusieurs feuilles de texte, titres et table. Au lieu de 90 fr.   Fr. 45 »

Riche reliure en demi-maroquin à plaques dorées. Au lieu de 100 fr.   Fr. 50 »

Table des planches :

Numéros.
1. L'Orage, gravé par Bolswert.
2. Paysage flamand, gr. par le même.
3. Une Etable en hiver, gr. par Clouet.
4. La Charrette embourbée, gravé par Bolswert.
5. La Danse des Villageois, gravé par le même.
6. Le Berger, gravé par le même.
7. L'Abreuvoir, gravé par Luc. Van Uden et Brown.
8. L'Oiseleur, gravé par Bolswert.
9. Le Naufrage, gravé par le même.
10. Chasse aux Bois, gr. par le même.
11. Les Plaisirs de la Campagne, gravé par le même.
12. Chasse de Méléagre et d'Atalante, gravé par le même.
13. Villageois allant au marché, gravé par Cardon et Charpentier.
14. L'Enfant prodigue dans l'Étable, gravé par Bolswert.
15. L'Arc-en-ciel, gravé par le même.
16. L'Approche de l'Orage, gravé par le même.

Numéros.
17. Campagne de Malines, gravé par le même.
18. Clair de Lune, gravé par le même.
19. Le Ruisseau bordé de saules, gr. par Bolswert.
20. L'Inondation, gravé par le même.
21. Le Soleil couchant, gravé par le même.
22. Les Ruines, gravé par le même.
23. Le Troupeau de moutons, gravé par le même.
24. Le Gué, gravé par le même.
25. La Mare, gravé par le même.
26. L'Arc-en-ciel et le Berger, gravé par le même.
27. Campagne du Brabant, gravé par le même.
28. Campagne flamande, gr. par le même.
29. La mort de l'Elan, gravé par Ward.
30. Chasse aux Lions, gr. par Bolswert.
31. Chasse aux Lions et aux Tigres, gravé par Suyderhoef.
32. Chasse aux Loups, gravé par De Leeuw et Soutman.
33. Chasse au Sanglier (Méléagre et Atalante), gravé par Van Kessel.

34. Chasse au Crocodile et à l'Hippopo-
tame, gravé par De Leeuw et
Soutman.

35. Chasse au Lion et à la Lionne, gravé
par les mêmes.

36. Chasse au Sanglier, gravé par Soutman.

Chaque planche se vend séparément au prix de 2 fr.

Schacht (le Dr H.), *professeur ordinaire à l'Université de Bonn.*
Les arbres, études sur leur structure et leur végétation, traduit d'après la deuxième édition allemande par ÉDOUARD
MORREN, *professeur à l'Université, et chargé de la direction
du Jardin-Botanique à Liége, rédacteur de la Belgique
Horticole et membre de plusieurs académies et sociétés savantes, etc.* Ouvrage publié sous les auspices de feu M. le
baron ALEXANDRE DE HUMBOLDT. 2e édition augmentée
de 10 gravures sur acier, illustrée de plus de 205 gravures
sur bois, ainsi que de cinq planches lithographiées représentant ensemble 550 sujets.
Prix broché. ⸱ Fr. 15 »
Prix relié, tranche dorée. Fr. 18 »

Scheepers (A.), *conducteur des travaux communaux de la
ville d'Anvers.* Carte géographique, commerciale et administrative de la Belgique, avec un tableau de toutes les
communes, etc., 1/250,000. Fr. 6 »

— Plan géométrique, parcellaire et de nivellement de la ville
d'Anvers et des communes limitrophes, dressé et gravé à
l'échelle de 1/5000, publié sous les auspices de l'administration communale. Gr. in-fol., en carton, color. Fr. 13 »

Scheler (le docteur Aug.). Annuaire statistique et historique belge, 1862 à 1867. (Années IX à XIV), in-12. Prix de
chaque volume. Fr. 4 »

— Commentaire raisonné sur un LIVRE D'HOMÈRE. (Odyssée VI.)
Un vol. in-8°. Fr. 2 50

— Commentaire sur l'ŒDIPE-ROI DE SOPHOCLE, à l'usage des
colléges. Un vol. in-18. Fr. 2 50

— Cours élémentaire de la langue allemande. Un vol. in-12,
relié. 2e édition. Fr. 2 50

— DICTIONNAIRE D'ÉTYMOLOGIE FRANÇAISE, d'après les résultats de la science moderne. Gr. in-8°. (*Epuisé*).
Une nouvelle édition est sous presse.

— Grammaire théorique de la langue allemande. Un vol. in-12.
Fr. 3 50

— Li romans des Eles, par HOUDENC. In-8°. Fr. 3 »

Schouthecte de Tervarent (le chevalier de). Inventaire général analytique des archives de la ville et de
l'église primaire de Saint-Nicolas (Waes) en Belgique. Un
vol. gr. in-8°. 1872. Fr. 12 »

Schuermans. Sigles Figulins (époque romaine). In-8°.
Fr. 3 »

Seaman (Ezra C.), *conseiller (legal), auteur des Essais sur les progrès des nations*. Le Système du gouvernement américain, son caractère et ses effets, ses défauts, l'organisation des partis et leur influence, la prospérité du peuple soumis à sa protection. Traduction de TH. HIPPERT, avocat, secrétaire du parquet de la Cour de cassation de Belgique. In-8°, 2° édition. 1872. Fr. 7. 50

Service (le) obligatoire en Belgique, par un Colonel de l'armée (Brialmont). In-8°, 1871. Fr. 0 75

Steur (Ch.), *membre de l'Académie royale de Belgique*. Ethnographie des peuples de l'Europe avant Jésus-Christ, ou Essai sur les nomades de l'Asie, leurs migrations, leur origine, leurs idées religieuses, leurs caractères sociaux, etc. Étude mise en rapport avec les mœurs des principales nations européennes de race greco-latine, germanique et slave. Tome 1er, gr. in-8°, avec cartes géogr. et tableaux de lexicographie hindou-européenne. 1872. Fr. 10 »
Les tomes II et III (dernier) sont sous presse.

Strens (L.). La Télégraphie électrique mise à la portée de tout le monde. Édition ornée de 25 gravures sur bois. In-32. Fr. 1 50

Stroobant (F.). BAU- UND KUNSTDENKMÄLER in Belgien, Malerische Ansichten nach der Natur gezeichnet und in Farben lithographirt mit einer historisch-archaeologischen Einleitung. I Band in-folio, mit 36 Ansichten in Aquarell Manier, in halb Maroquin mit Goldpressung gebunden. Fr. 75 »
Dasselbe in Prachtband, in gothischem Style, in türkischem Maroquin. Fr. 100 »
Jede Ansicht kostet einzeln Fr. 2 »

Verzeichniss der Ansichten:

Chor der Kirche in Aerschot.	Das Rathhaus in Brüssel.
Kamin im Rathhause zu Antwerpen.	Die Zunfthäuser in Brüssel.
Trauungs-Saal im Rathhause zu Antwerp.	Rathsaal in Courtray.
Das Rathhaus in Antwerpen.	Das Rathhaus in Dinant.
Seiteneingang des Doms zu Antwerpen.	Das Rathhaus in Gent.
Der Dom in Antwerpen.	Chor der Kirche St. Bavon in Gent.
Beichtstuhl in der St. Pauls-Kirche, Antwerpen.	Altar der Kirche Notre-Dame in Hal.
Brauerhalle in Antwerpen.	Kirche Notre-Dame in Huy.
Das Rathhaus in Audenarde.	Sacramenthäller in Léau.
Saal im Rathhaus zu Audenarde.	Choreingang der Jakobkirche in Lüttich.
Der Hallenthurm in Brügge.	Chor der Kirche St. Gommaire in Lier.
Seitenportal der St.-Gudula-Kirche in Brüssel.	Das Rathhaus in Löwen.
Grabmal des Erzherzogs Ernst in der Gudula-Kirche in Brüssel.	Chor der Peterskirche in Löwen.
	Die Hallen in Mecheln.
Sacramentbehälter in der St. Gudula Kirche, Brüssel.	Sacramentbehälter in der Jakobkirche zu Löwen.
Kanzel in der St. Gudula-Kirche, Brüssel.	Alte Häuser in Mecheln.
	Innere Ansicht eines Hauses in Mecheln.
Innere Ansicht der Kirche Notre-Dame du Sablon in Brüssel.	Altar in der Walkrude Kirche zu Mons.
	Die heilige Wallfahrtskirche in Namur.
	Portal der Kathedrale in Tournay.

— MONUMENTS D'ARCHITECTURE ET DE SCULPTURE en Belgique, dessinés d'après nature, lithographiés en plusieurs teintes, accompagnés de notices historiques et archéologiques, par F. STAPPAERTS. Publié sous le patronage de *LL. MM.* la *Reine des Belges et l'Impératrice du Mexique.* 2 vol. grand in-folio contenant 60 planches à l'aquarelle.

Reliure demi-maroquin, plaque dorée.   Fr. 200. »

— de luxe, style moyen-âge, en maroquin du Levant.   Fr. 300 »

C

20. Chapelle dans l'église Saint-Jacques à Liége.
*21. Église de Notre-Dame à Huy.
22. Portail de la Vierge à Huy.
23. Église de Saint-Aubin à Namur.
*24. Intérieur de l'église Saint-Loup à Namur.
25. Jubé de l'église Notre-Dame à Walcourt.

26. Intérieur de l'église Notre-Dame à Dinant.
*27. Maison de ville à Dinant.
*28. Autel dans l'église de St.-Waudru à Mons.
*29. Portail de la cathédrale de Tournai.
30. Intérieur de la cathédrale de Tournai.

— MONUMENTS D'ARCHITECTURE ET DE SCULPTURE en Belgique, dessins d'après nature, lithographiés en plusieurs teintes, accompagnés de notices historiques et archéologiques par F. STAPPAERTS. Publié sous le patronage de LL. MM. la Reine des Belges et l'Impératrice du Mexique. Édition petit in-folio, contenant 36 planches à l'aquarelle.

Reliure demi-maroquin, plaque dorée.   Fr. 75 »

— Reliure de luxe, style moyen-âge, en maroquin du Levant.
          Fr. 100 »

Nota. Toutes les planches marquées d'un * sont contenues dans la présente édition.

Chaque planche se vend séparément au prix de 2 fr.

La même édition a été publiée avec un texte allemand. (Voir STROOBANT Bau-und Kunstdenkmäler, etc.)

Swierszcz. Napoléon III et les compensations territoriales de la France, traduit du polonais par Edmond CALLIER. In-8°.   Fr. 3 50

Terwangne (colonel). Des Chaudières à foyer intérieur et du Système de Centralisation appliqué au ménage des troupes. In-16 avec 3 pl.   Fr. 2 50

Thiers (A.). Histoire de la Révolution, annotée par M. Félix Wouters. 2 vol. gr. in-8° (en 2 colonnes).   Fr. 10 »

Torfs (L.). Campagnes de Charles-Quint et de Philippe II (1554-1557). Relations contemporaines d'après le texte original et accompagnées de notes historiques et littéraires. In-8° avec portrait.   Fr. 2 »

— NIEUWE GESCHIEDENIS VAN ANTWERPEN of schets van de beginsels en gebeurtenissen dezer stad, alsmede van de opkomste harev instellingen en geschichten. 2 vol. gr. in-8°.   Fr. 16 »

Trench (R.-C.), docteur en théologie, archevêque de Dublin. Synonymes du Nouveau-Testament, traduit de l'anglais par C. DE FAYE, pasteur. Précédé d'une introduction sur l'hellénisme, traduit de l'allemand de M. le professeur Éd. Reuss par L. DURAND, pasteur. In-8°.   Fr. 7 »

Trois mois à l'armée de Metz, par un officier du génie. 2e éd. In-8° avec une carte des opérations. 1871.   Fr. 3 »

Vacherot (Étienne), *ancien directeur des études à l'école normale supérieure*. LA DÉMOCRATIE, 2ᵉ édition, considérablement augmentée, suivie d'un texte des jugements rendus en France contre l'ouvrage. Un vol. gr. in-8°.   Fr. 5 »

Van Beneden, professeur à l'Université de Louvain. Recherches sur la faune littorale de Belgique. Polypes. 1 vol. in-4° avec gravures dans le texte et 19 planches coloriées.
     Fr. 15 »

— Recherches sur les squalodons (ossements provenant du crag d'Anvers). In-4° avec 5 gr. planches.   Fr. 6 »
     Supplément in-4° avec planches.   Fr. 4 »

— Sur un nouveau genre de ziphioïde fossile (placoriphius), trouvé à Eddeghem, près d'Anvers. In-4° avec 2 planches.
     Fr. 4 »

Van Bruyssel (E.). L'industrie et le commerce en Belgique; leur état actuel et leur avenir. 1 vol. in-8°. Fr. 5 »

Van den Bogaert (capit.). La télégraphie électrique de campagne. In-16 avec 9 planches. 2ᵉ éd.   Fr. 1 50

Vander Brugghen. Études sur le système pénitentiaire irlandais. Revu après la mort de l'auteur et accompagné d'une préface et d'un appendice par F. DE HOLTZENDORFF. In-8°.   Fr. 8 »

Vanderstraeten (Edmond). La musique aux Pays-Bas avant le XIXᵉ siècle. Documents inédits et annotés. Compositions, virtuoses, théoriciens, luthiers; opéras, motets, airs nationaux, académies, maîtrises, livres, portraits, etc., avec planches de musique et table alphabétique. Tome Iᵉʳ in-8°
     Fr. 10 »

Van der Taelen (Félix). Les Pays-Bas dans les temps anciens. — La Belgique. — L'Inquisition. In-8°.   Fr. 3 »

Vandevelde, (Lᵗ-Col.). La guerre de 1866. In-8° avec 3 grandes cartes.   Fr. 6 »

— La Tactique appliquée au terrain. T. I av. atl.   Fr. 7 50

— La guerre de 1870. In-8° avec cartes. (En 8 livraisons).
     Fr. 8 »

— Description des fortifications de Paris, ses moyens de défense et les attaques auxquelles cette capitale peut être exposée. In-8° avec un plan du camp retranché de Paris.   Fr. 1 »

Van Deventer (L.). Cinquante années de l'Histoire fédérale de l'Allemagne, étude historique et politique. In-8°. 1870.   Fr. 6 »

Van Kempen (E.-M.), *professeur à l'Université de Louvain*. TRAITÉ D'ANATOMIE descriptive et d'ostéologie spéciale. Nouvelle édit. 2 vol. in-8°.   Fr. 16 »

Vankerckhove, *capitaine*, et **Rouen**, *lieutenant*. Description de la place et du camp retranché d'Anvers. In-16 avec 4 cart.   Fr. 3 »

Van Leynseele, *professeur à l'Université de Gand.* Résumé du cours d'accouchements donné à l'Université de Gand. In-4° lithogr. Fr. 10 »

Van Maldeghem (R.-J), *membre de l'Académie de musique de Rome.* TRÉSOR MUSICAL, collection authentique de musique sacrée et profane des anciens maîtres belges, transcrite en notation moderne. In-4°. Prix annuel. Fr. 20 »

Van Praet. Essai sur l'histoire politique des derniers siècles. In-8°. Fr. 7 50

Varrenbergh (Émile). Les relations des Pays-Bas avec le Portugal et l'Espagne, d'après un écrivain du XVIIᵉ siècle. In-8°. Fr. 1 50

Verdy du Vernois, *lieutenant-colonel à la suite de l'état-major de l'armée prussienne, etc.* Études sur l'art de conduire les troupes. (Traduit de l'allemand). 1ʳᵉ section, in-16 avec 4 planches. Fr. 2 »
— 2ᵉ section, in-16 avec un plan de bataille. Fr. 2 »

Vérité (La) sur la situation militaire. Voyez *Brialmont.*

Vestraete (Ém.), *lieutenant d'infanterie.* De la réorganisation de la garde civique. In-8°. Fr. 1 »

Vogt (C.). Leçons sur les animaux utiles et nuisibles, les bêtes calomniées et maljugées. Traduit de l'allemand, par G. Bagnet. In-42. F. 2 50
— Leçons sur l'homme. In-8° avec figures. Fr. 12 »

Vossen. Carte des chemins de fer en Belgique. Voy. *Carte.*

Vues pittoresques de la Belgique et de ses monuments les plus remarquables, dessinés et gravés sur bois par les premiers artistes de Bruxelles. 1 volume grand in-4° contenant 24 planches. Fr. 10 »

Le même ouvrage : planches col. à l'aquarelle. Fr. 15 »

Chaque vue se vend séparément, coloriée. » 0 75

— — noire. » 0 50

Wagener, *conseiller de l'Académie à Gand.* Le monument funéraire romain du Musée des Beaux-Arts d'Anvers. In-8°. Fr. 1 »

Wahlen (Adolphe), *chevalier de plusieurs ordres.* Ordres de Chevalerie et Marques d'honneur. Décorations nouvelles et modifications apportées aux anciennes jusqu'en 1869. Gr. in-8° avec beaucoup de planches color. 1871. Fr. 12 »

Walton, *lieutenant.* Projet de création d'une colonie pénitentiaire aux Nouvelles-Hébrides (Polynésie). Brochure gr. in-8°. Fr. 1 »
— Armées permanentes et armées formées de volontaires suivi de quelques propositions relatives à l'infanterie. In-8° avec pl. Fr. 2 »

Wauters (Alph.). Table chronologique des chartes et diplômes imprimés concernant l'histoire de la Belgique, mise en ordre et publiée sous la direction de la Commission royale d'histoire.
Tome I à III. In-4°.   Prix du volume : Fr. 15 »

Wauwermans, *capitaine du génie*. Mines militaires. Etudes sur la science du mineur et les effets dynamiques de la poudre. (Application de la thermodynamique.) In-8° avec 2 planches.   Fr. 7 50

— Les machines infernales dans la guerre de campagne. In-16 avec planches. (*Epuisé*).   Fr. 1 50

Wuillot (L.), médecin de bataillon). Éléments d'hygiène et premiers soins à donner en cas d'accidents. In-16. Fr. 1 »

Zestermann, *professeur à Leipzig*. Die Kreuzigung bei den Alten. In-8°.   Fr. 2 »

Zimmerman. L'Homme, problèmes et merveilles de la nature humaine physique et intellectuelle. 7e édition. In-8° de 800 pages et plus de 200 gravures. Broché. Fr. 10 »
Relié, dor. sur tranche.   » 14 »

— Le monde avant la création de l'homme ou le berceau de l'univers. Traduit de l'allemand sur la huitième édition par MM. L. Hymans et L. Strens. 12e édition. Un beau vol. gr. in-8° de 640 pages, illustré de 250 gravures sur bois et de trois belles pl. col. Broché.   Fr. 8 »

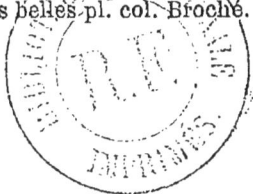

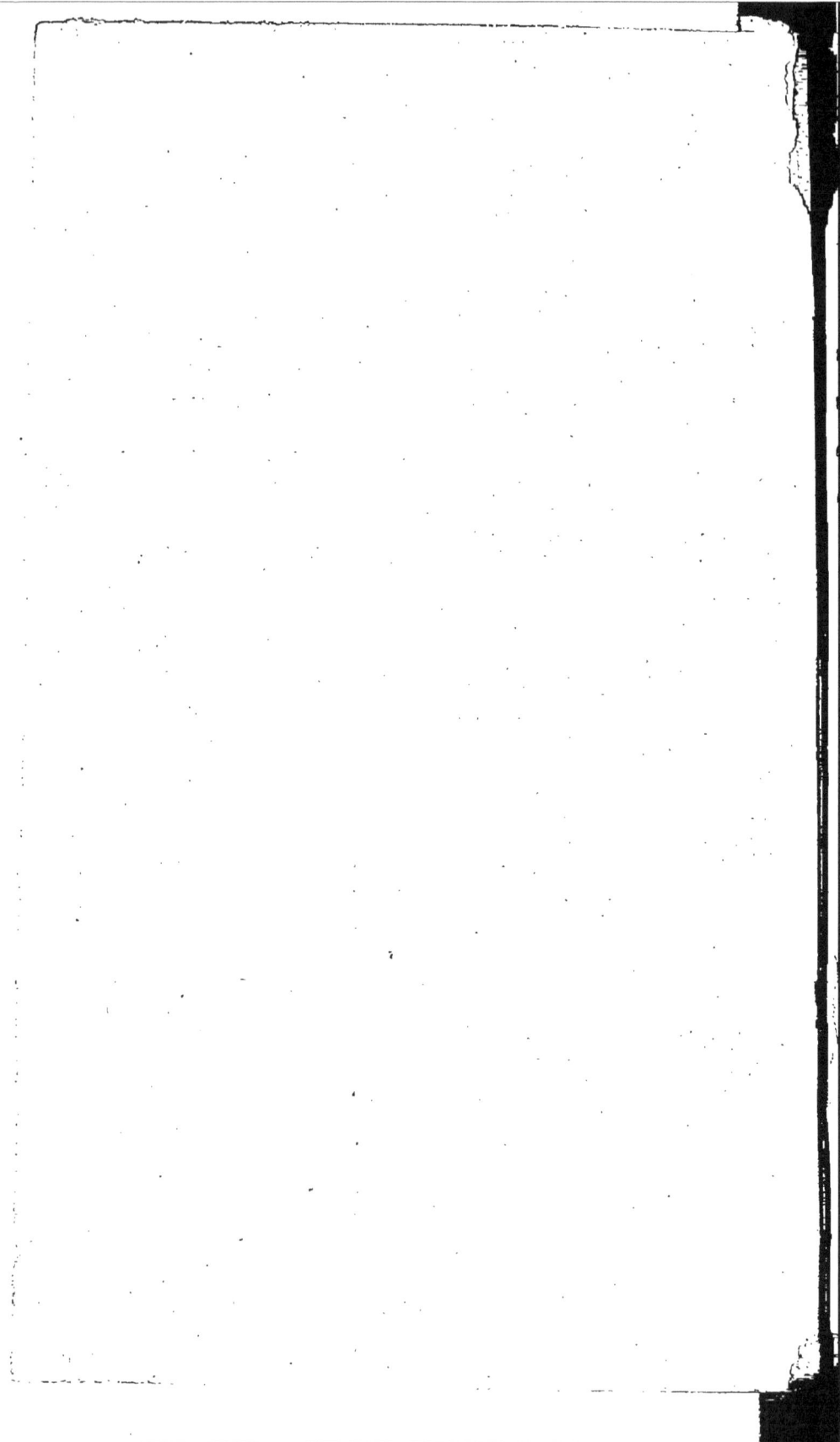

BULLETIN DE COMMANDE

———※———

Je soussigné..
invite la Maison Muquardt à m'envoyer les ouvrages sui=
vants de son Catalogue, directement (ou) par l'entremise
de ....
contre remboursement.

Pages et titres :

....

....

....

....

....

....

....

Signature : ....

Domicile : ....

Date : ....

A la Librairie Muquardt,

Bruxelles.

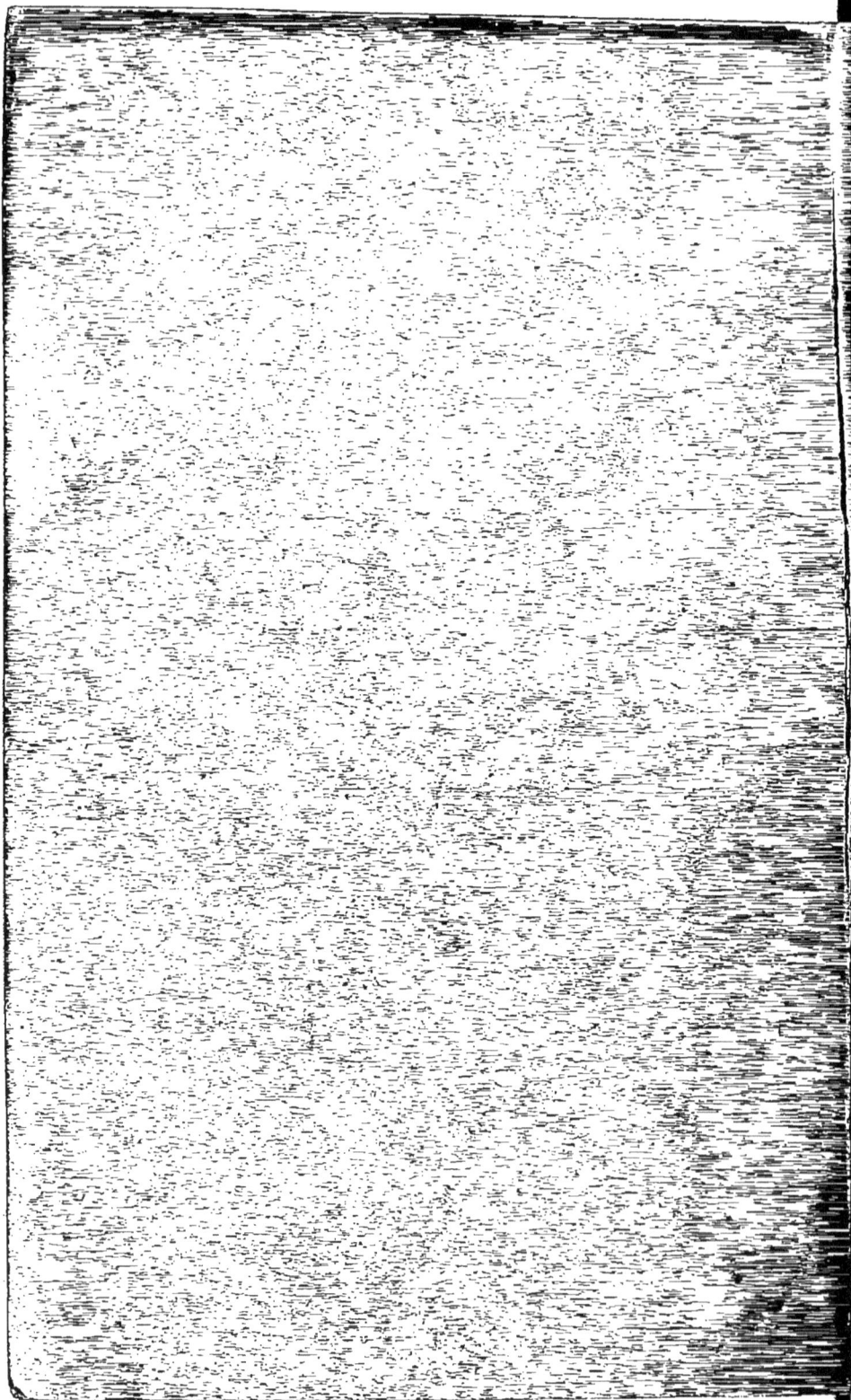

www.ingramcontent.com/pod-product-compliance
Lightning Source LLC
Chambersburg PA
CBHW072246270326
41930CB00010B/2284